Gottfried August Bürger

# AVENTURES ET MÉSAVENTURES DU BARON DE MÜNCHHAUSEN

(1786)

Copyright © 2022 by Culturea
Édition : Culturea 34980 (Hérault)
Impression : BOD - In de Tarpen 42, Norderstedt (Allemagne)
ISBN : 9782382743102
Dépôt légal : Octobre 2022
Tous droits réservés pour tous pays

# Table des matières

PRÉFACE ................................................................................... 4

CHAPITRE PREMIER ................................................................. 6
    Voyage en Russie et à Saint-Pétersbourg. ................................ 6

CHAPITRE II ............................................................................ 10
    Histoires de chasse. ................................................................ 10

CHAPITRE III ........................................................................... 17
    Des chiens et des chevaux du Baron de Münchhausen. ........... 17

CHAPITRE IV .......................................................................... 22
    Aventures du baron de Münchhausen dans la guerre contre les Turcs. ............................................................................ 22

CHAPITRE V ............................................................................ 27
    Aventures du baron de Münchhausen pendant sa captivité chez les Turcs. Il revient dans sa patrie. .................................. 27

CHAPITRE VI .......................................................................... 31
    Première aventure de mer. ...................................................... 31

CHAPITRE VII ......................................................................... 36
    Deuxième aventure de mer. .................................................... 36

CHAPITRE VIII ........................................................................ 39
    Troisième aventure de mer. .................................................... 39

CHAPITRE IX ........................................................................... 41
    Quatrième aventure de mer. ................................................... 41

CHAPITRE X ............................................................................ 44

- Cinquième aventure de mer .................................................... 44
- **CHAPITRE XI** ............................................................................ 49
  - Sixième aventure de mer. ..................................................... 49
- **CHAPITRE XII** ........................................................................... 55
  - Septième aventure de mer. Récits authentiques d'un partisan qui prit la parole en l'absence du baron. ............................ 55
- **CHAPITRE XIII** .......................................................................... 59
  - Le baron reprend son récit. .................................................. 59
- **CHAPITRE XIV** .......................................................................... 71
  - Huitième aventure de mer. ................................................... 71
- **CHAPITRE XV** ............................................................................ 75
  - Neuvième aventure de mer. .................................................. 75
- **CHAPITRE XVI** .......................................................................... 77
  - Dixième aventure de mer, second voyage dans la lune. ....... 77
- **CHAPITRE XVII** ......................................................................... 82
  - Voyage à travers la terre et autres aventures remarquables. ..... 82
- À propos de cette édition électronique ...................................... 92

# PRÉFACE

Les *Aventures du baron de Münchhausen* jouissent en Allemagne d'une célébrité populaire qu'elles ne sauraient manquer, nous l'espérons du moins, d'acquérir bientôt en France, malgré leur forte saveur germanique, et peut-être à cause même de cela : le génie des peuples se révèle surtout dans la plaisanterie. Comme les œuvres sérieuses chez toutes les nations ont pour but la recherche du beau qui est un de sa nature, elles se ressemblent nécessairement davantage, et portent moins nettement imprimé le cachet de l'individualité ethnographique. Le comique, au contraire, consistant dans une déviation plus ou moins accentuée du modèle idéal, offre une multiplicité singulière des ressources : car il y a mille façons de ne pas se conformer à l'archétype. La gaieté française n'a aucun rapport avec l'humour britannique ; le *witz* allemand diffère de la bouffonnerie italienne, et le caractère de chaque nationalité s'y montre dans son libre épanchement. Le baron de Münchhausen, en dépit de ses hâbleries incroyables, n'a nul lien de parenté avec le baron de Crac, autre illustre menteur. La blague française, qu'on nous pardonne d'employer ce mot, lance sa fusée, pétille et mousse comme du vin de Champagne, mais bientôt elle s'éteint, laissant à peine au fond de la coupe deux ou trois perles de liqueur. Cela serait trop léger pour des gosiers allemands habitués aux fortes bières et aux âpres vins du Rhin : il leur faut quelque chose de plus substantiel, de plus épais, de plus capiteux. La plaisanterie, pour faire impression sur ces cerveaux pleins d'abstractions, de rêves et de fumée, a besoin de se faire un peu lourde ; il faut qu'elle insiste, qu'elle revienne à la charge, et ne se contente pas de demi-mots qui ne seraient pas compris. Le point de départ de la plaisanterie allemande est cherché, peu naturel, d'une bizarrerie compliquée, et demande beaucoup d'explications préalables assez laborieuses ; mais la chose une fois posée, vous entrez dans un monde étrange, grimaçant, fantasque, d'une originalité chimérique dont vous n'aviez aucune idée. C'est la logique de l'absurde poursuivie avec une outrance qui ne recule devant rien. Des détails d'une vérité étonnante, des raisons de l'ingéniosité la plus subtile, des attestations scientifiques d'un sérieux parfait servent à rendre probable l'impossible. Sans doute, on n'arrive pas à croire les récits du baron de Münchhausen, mais à peine a-t-on entendu deux ou trois de ses aventures de terre ou de mer, qu'on se laisse aller à la candeur honnête et minutieuse de ce style, qui ne serait pas autre, s'il avait à raconter une histoire vraie. Les inventions les plus monstrueusement extravagantes prennent un certain air de vraisemblance, déduites avec cette tranquillité naïve et cet aplomb parfait. La connexion intime de ces mensonges qui s'enchaînent si naturellement les uns aux autres finit par détruire chez le lecteur le sentiment de la réalité, et l'harmonie du faux y est poussée si loin qu'elle produit une illusion relative semblable à celle que font éprouver les *Voyages de Gulliver* à Lilliput et à Brobdingnag, ou bien encore l'*Histoire véritable* de Lucien, type antique de ces récits fabuleux tant de fois imités depuis.

THÉOPHILE GAUTIER

# CHAPITRE PREMIER

## Voyage en Russie et à Saint-Pétersbourg.

J'entrepris mon voyage en Russie au milieu de l'hiver, ayant fait ce raisonnement judicieux que, par le froid et la neige, les routes du nord de l'Allemagne, de la Pologne, de la Courlande et de la Livonie, qui, selon les descriptions des voyageurs, sont plus impraticables encore que le chemin du temple de la vertu, s'améliorant sans qu'il en coûte rien à la sollicitude des gouvernements. Je voyageais à cheval, ce qui est assurément le plus agréable mode de transport, pourvu toutefois que le cavalier et la bête soient bons : de cette façon, on n'est pas exposé à avoir d'affaires d'honneur avec quelque honnête maître de poste allemand, ni forcé de séjourner devant chaque cabaret, à la merci d'un postillon altéré. J'étais légèrement vêtu, ce dont je me trouvai assez mal, à mesure que j'avançais vers le nord-est.

Représentez-vous maintenant, par ce temps âpre, sous ce rude climat, un pauvre vieillard gisant sur le bord désolé d'une route de Pologne, exposé à un vent glacial, ayant à peine de quoi couvrir sa nudité.

L'aspect de ce pauvre homme me navra l'âme : et quoiqu'il fît un froid à me geler le cœur dans la poitrine, je lui jetai mon manteau. Au même instant, une voix retentit dans le ciel, et, me louant de ma miséricorde, me cria : « Le diable m'emporte, mon fils, si cette bonne action reste sans récompense. »

Je continuai mon voyage, jusqu'à ce que la nuit et les ténèbres me surprissent. Aucun signe, aucun bruit, qui m'indiquât la présence d'un village : le pays tout entier était enseveli sous la neige, et je ne savais pas ma route.

Harassé, n'en pouvant plus, je me décidai à descendre de cheval ; j'attachai ma bête à une sorte de pointe d'arbre qui surgissait de la neige. Je plaçai, par prudence, un de mes pistolets sous mon bras, et je m'étendis sur la neige. Je fis un si bon somme, que, lorsque je rouvris les yeux, il faisait grand jour. Quel fut mon étonnement lorsque je m'aperçus que je me trouvais au milieu d'un village, dans le cimetière ! Au premier moment, je ne vis point mon cheval, quand, après quelques instants, j'entendis hennir au-dessus de moi. Je levai la tête, et je pus me convaincre que ma bête était suspendue au coq du clocher. Je me rendis immédiatement compte de ce singulier événement : j'avais trouvé le village entièrement recouvert par la neige ; pendant la nuit, le temps s'était subitement adouci, et, tandis que je dormais, la neige, en fondant, m'avait descendu tout doucement jusque sur le sol ; ce que, dans l'obscurité, j'avais pris pour une pointe d'arbre, n'était autre chose que le coq du clocher. Sans m'embarrasser davantage, je pris un de mes pistolets, je visai la bride, je rentrai heureusement par ce moyen en possession de mon cheval, et poursuivis mon voyage.

Tout alla bien jusqu'à mon arrivée en Russie, où l'on n'a pas l'habitude d'aller à cheval en hiver. Comme mon principe est de me conformer toujours aux usages des pays où je me trouve, je pris un petit traîneau à un seul cheval, et me dirigeai gaiement vers Saint-Pétersbourg.

Je ne sais plus au juste si c'était en Estonie ou en Ingrie, mais je me souviens encore parfaitement que c'était au milieu d'une effroyable forêt, que je me vis poursuivi par un énorme loup, rendu plus rapide encore par l'aiguillon de la faim. Il m'eut bientôt rejoint ; il n'était plus possible de lui échapper : je m'étendis machinalement au fond du traîneau, et laissai mon cheval se tirer d'affaire et agir au mieux de mes intérêts. Il arriva ce que je présumais, mais que je n'osais espérer. Le loup, sans s'inquiéter de mon faible individu, sauta par-dessus moi, tomba furieux sur le cheval, déchira et dévora d'un seul coup tout l'arrière-train de la pauvre bête, qui, poussée par la terreur et la douleur, n'en courut que plus vite encore. J'étais sauvé ! Je relevai furtivement la tête, et je vis que le loup s'était fait jour à travers le cheval à mesure qu'il le mangeait : l'occasion était trop belle pour la laisser échapper ; je ne fis ni une ni deux, je saisis mon fouet, et je me mis à cingler le loup de toutes mes forces : ce dessert inattendu ne lui causa pas une médiocre frayeur ; il s'élança en avant de toute vitesse, le cadavre de mon cheval tomba à terre et – voyez la chose étrange ! – mon loup se trouva engagé à sa place dans le harnais. De mon côté, je n'en fouettai que de plus belle, de sorte que, courant de ce train-là, nous ne tardâmes pas à atteindre sains et saufs Saint-Pétersbourg, contre notre attente respective, et au grand étonnement des passants.

Je ne veux pas, messieurs, vous ennuyer de bavardages sur les coutumes, les arts, les sciences et autres particularités de la brillante capitale de la Russie : encore moins vous entretiendrai-je des intrigues et des joyeuses aventures qu'on rencontre dans la société élégante, où les dames offrent aux étrangers une si large hospitalité. Je préfère arrêter votre attention sur des objets plus grands et plus nobles, sur les chevaux et les chiens, par exemple, que j'ai toujours eus en grande estime ; puis sur les renards, les loups et les ours, dont la Russie, si riche déjà en toute espèce de gibier, abonde plus qu'aucun autre pays de la terre ; de ces exercices chevaleresques, de ces actions d'éclat qui habillent mieux un gentilhomme qu'un méchant bout de latin et de grec, ou que ces sachets d'odeur, ces grimaces et ces cabrioles des beaux esprits français.

Comme il se passa quelque temps avant que je pusse entrer au service, j'eus, pendant un couple de mois, le loisir et la liberté complète de dépenser mon temps et mon argent de la plus noble façon. Je passai mainte nuit à jouer, mainte nuit à choquer les verres. La rigueur du climat et les mœurs de la nation ont assigné à la bouteille une importance sociale des plus hautes, qu'elle n'a pas dans notre sobre Allemagne, et j'ai trouvé en Russie des gens qui peuvent passer pour des virtuoses accomplis dans ce genre d'exercice ; mais tous n'étaient que de pauvres hères à côté d'un vieux général à la moustache grise, à la peau cuivrée, qui dînait avec nous à la table d'hôte. Ce brave homme avait perdu, dans un combat contre les Turcs, la partie supérieure du crâne ; de sorte que chaque fois qu'un étranger se présentait, il s'excusait le plus courtoisement du monde de garder son chapeau à table. Il avait coutume d'absorber, en mangeant, quelques bouteilles d'eau-de-vie et, pour terminer, de vider un flacon d'arak, doublant parfois la dose, suivant les circonstances ; malgré cela, il était impossible de saisir en lui le moindre signe d'ivresse. La chose vous dépasse, sans doute ; elle me fit également le même effet : je fus longtemps avant de pouvoir me l'expliquer, jusqu'au jour où je trouvai par hasard, la clef de l'énigme. Le général avait l'habitude de soulever de temps en temps son chapeau ; j'avais souvent remarqué ce mouvement, sans m'en inquiéter autrement. Rien d'étonnant à ce qu'il eût chaud au front, et encore moins à ce que sa tête eût besoin d'air. Je finis cependant par voir qu'en même temps que son chapeau, il soulevait une plaque d'argent qui y était fixée et lui servait de crâne, et qu'alors les fumées des liqueurs spiritueuses qu'il avait absorbées s'échappaient en légers nuages. L'énigme était résolue. Je racontai ma découverte à deux de mes amis, et m'offris à leur en démontrer l'exactitude. J'allai me placer, avec ma pipe, derrière le général, et, au moment où il soulevait son chapeau, je mis avec un morceau de papier le feu à la fumée : nous pûmes jouir alors d'un spectacle aussi neuf qu'admirable. J'avais transformé en colonne de feu la colonne de fumée qui s'élevait au-dessus du général ; et les vapeurs qui se trouvaient retenues par la chevelure du vieillard formaient un nimbe bleuâtre, comme il n'en brilla jamais autour de la tête du plus grand saint. Mon expérience ne put rester cachée au général ; mais il s'en fâcha si peu qu'il nous permit plusieurs fois de répéter un exercice qui lui donnait un air si vénérable.

# CHAPITRE II

## Histoires de chasse.

Je passe sous silence maintes joyeuses scènes dont nous fûmes acteurs ou témoins dans des circonstances analogues, parce que je veux vous raconter différentes histoires cynégétiques beaucoup plus merveilleuses et plus intéressantes que tout cela.

Je n'ai pas besoin de vous dire, messieurs, que ma société de prédilection se composait de ces braves compagnons qui savent apprécier le noble plaisir de la chasse. Les circonstances qui entourèrent toutes mes aventures, le bonheur qui guida tous mes coups, resteront parmi les plus beaux souvenirs de ma vie.

Un matin je vis, de la fenêtre de ma chambre à coucher, un grand étang, qui se trouvait dans le voisinage, tout couvert de canards sauvages. Décrochant immédiatement mon fusil, je descendis à la hâte l'escalier avec tant de précipitation que je heurtai du visage contre la porte : je vis trente-six chandelles, mais cela ne me fit pas perdre une seconde. J'allais tirer, lorsque au moment où j'ajustais je m'aperçus, à mon grand désespoir, que le violent coup que je m'étais donné à la figure avait en même temps fait tomber la pierre de mon fusil. Que faire ? Je n'avais pas de temps à perdre. Heureusement, je me rappelai ce que j'avais vu quelques instants auparavant. J'ouvris le bassinet, je dirigeai mon arme dans la direction du gibier et je m'envoyai le poing dans l'un de mes yeux. Ce coup vigoureux en fit sortir un nombre d'étincelles suffisant pour allumer la poudre ; le fusil partit, et je tuai cinq couples de canards, quatre sarcelles et deux poules d'eau. Cela prouve que la présence d'esprit est l'âme des grandes actions. Si elle rend d'inappréciables services au soldat et au marin, le chasseur lui doit aussi plus d'un heureux coup.

Ainsi, par exemple, je me souviens qu'un jour je vis sur un lac, au bord duquel m'avait amené une de mes excursions, quelques douzaines de canards sauvages, trop disséminés pour qu'il me fût permis d'espérer en atteindre d'un seul coup un nombre suffisant. Pour comble de malheur, ma dernière charge était dans mon fusil, et j'aurais précisément voulu les rapporter tous, ayant à traiter chez moi nombre d'amis et de connaissances.

Je me souvins alors que j'avais encore dans ma carnassière un morceau de lard, reste des provisions dont je m'étais muni en partant. J'attachai ce morceau de lard à la laisse de mon chien que je dédoublai et dont j'attachai les quatre fils bout à bout ; puis je me blottis dans les joncs du bord, lançai mon appât, et j'eus bientôt la satisfaction de voir un premier canard s'approcher vivement et l'avaler. Les autres accoururent derrière le premier, et comme, l'onctuosité du lard aidant, mon appât eut bientôt traversé le canar dans toute sa longueur, un second l'avala, puis un troisième, et ainsi de suite. Au bout de quelques instants mon morceau de lard avait voyagé à travers tous les canards, sans se séparer de sa ficelle : il les avait enfilés comme des perles. Je revins tout joyeux sur le bord, je me passai cinq ou six fois la ficelle autour du corps et sur les épaules, et m'en retournai à la maison.

Comme j'avais encore un bon bout de chemin à faire, et que cette quantité de canards m'incommodait singulièrement, je commençai à regretter d'en avoir tant pris. Mais sur ces entrefaites il survint un événement qui, au premier moment, me causa quelque inquiétude. Les canards étaient tous vivants : revenus peu à peu de leur premier étourdissement, ils se mirent à battre de l'aile et à m'enlever en l'air avec eux. Tout autre que moi eût assurément été fort embarrassé. Mais moi j'utilisai cette circonstance à mon profit, et, me servant des basques de mon habit comme de rames, je me guidai vers ma demeure. Arrivé au-dessus de la maison, lorsqu'il s'agit de parvenir à terre sans rien me casser, je tordis successivement le cou à mes canards, et je descendis par le tuyau de la cheminée, et, à la grande stupéfaction de mon cuisinier, je tombai sur le fourneau qui par bonheur n'était pas allumé.

J'eus une aventure à peu près semblable avec une compagnie de perdreaux. J'étais sorti pour essayer un nouveau fusil, et j'avais épuisé ma provision de petit plomb, lorsque, contre toute attente, je vis se lever sous mes pieds une compagnie de perdreaux. Le désir d'en voir le soir même figurer quelques-uns sur ma table m'inspira un moyen que, sur ma parole, messieurs, je vous conseille d'employer en pareille circonstance. Dès que j'eus remarqué la place où le gibier s'était abattu, je chargeai rapidement mon arme et j'y glissai en guise de plomb ma baguette, dont je laissai dépasser l'extrémité hors du canon. Je me dirigeai vers les perdreaux, je tirai au moment où ils prenaient leur vol, et, à quelques pas de là ma baguette retomba ornée de sept pièces, qui durent être fort surprises de se trouver si subitement mises à la broche ; ce qui justifie le proverbe qui dit : « Aide-toi, le ciel t'aidera. »

Une autre fois, je rencontrai dans une des grandes forêts de la Russie un magnifique renard bleu. C'eût été grand dommage de trouer cette précieuse fourrure d'une balle ou d'une décharge de plomb. Maître renard était tapi derrière un arbre. Je retirai aussitôt la balle du canon et la remplaçai par un bon clou : je fis feu, et si habilement, que la queue du renard se trouva fichée à l'arbre. Alors je m'avançai tranquillement vers lui, je pris mon couteau de chasse et lui fis sur la face une double entaille en forme de croix ; je pris ensuite mon fouet et le chassai si joliment hors de sa peau que c'était plaisir à voir.

Le hasard et la chance se chargent souvent de réparer nos fautes ; en voici un exemple. Un jour, je vois dans une épaisse forêt une laie et un marcassin qui courent sur moi. Je tire, et les manque. Mais voilà le marcassin qui continue sa route, et la laie qui s'arrête immobile comme fichée au sol. Je m'approche pour chercher la cause de cette immobilité, et je m'aperçois que j'avais affaire à une laie aveugle, qui tenait entre ses dents la queue du marcassin, lequel, dans sa piété filiale, lui servait de guide. Ma balle, ayant passé entre les deux bêtes, avait coupé le fil conducteur, dont la vieille laie conservait encore une extrémité : ne se sentant plus tirée par son guide, elle s'était arrêtée. Je saisis aussitôt ce fragment de queue, et je ramenai chez moi, sans peine et sans résistance, la pauvre bête infirme.

Si dangereux que soit cet animal, le sanglier est encore plus redoutable et plus féroce. J'en rencontrai un jour un dans une forêt, dans un moment où je n'étais préparé ni à la défense ni à l'attaque. J'avais à peine eu le temps de me réfugier derrière un arbre, que l'animal se jeta sur moi de tout son élan, pour me donner un coup de côté ; mais, au lieu de m'entrer dans le corps, ses défenses pénétrèrent si profondément dans le tronc, qu'il ne put les retirer pour fondre une seconde fois sur moi.

« Ha, ha ! pensai-je, à nous deux maintenant ! »

Je pris une pierre, et je cognai de toutes mes forces sur ces défenses, de façon qu'il lui fût absolument impossible de se dégager. Il n'avait qu'à attendre que je décidasse de son sort : j'allai chercher des cordes et un chariot au village voisin, et le rapportai fortement garrotté et vivant à la maison.

Vous avez assurément entendu parler, messieurs, de saint Hubert, le patron des chasseurs et des tireurs, ainsi que du cerf qui lui apparut dans une forêt, portant la sainte croix entre ses cors. Je n'ai jamais manqué de fêter chaque année ce saint en bonne compagnie, et j'ai bien souvent vu son cerf représenté en peinture dans les églises, ainsi que sur la poitrine des chevaliers de l'ordre qui porte son nom ; aussi, en mon âme et conscience, sur mon honneur de brave chasseur, je n'oserais pas nier qu'il n'y ait eu autrefois des cerfs coiffés de croix, et même qu'il n'en existe pas encore aujourd'hui. Mais, sans entrer dans cette discussion, permettez-moi de vous raconter ce que j'ai vu de mes propres yeux. Un jour que je n'avais plus de plomb, je donnai, par un hasard inespéré, sur le plus beau cerf du monde. Il s'arrêta et me regarda fixement, comme s'il eût su que ma poire à plombs était vide. Aussitôt je mis dans mon fusil une charge de poudre, et j'y insinuai une poignée de noyaux de cerises, que j'avais aussi vite que possible débarrassés de leur chair. Je lui envoyais le tout sur le front, entre les deux cors. Le coup l'étourdit : il chancela, puis il se remit et disparut. Un ou deux ans après, je repassais dans la même forêt, et voilà, ô surprise ! que j'aperçois un magnifique cerf portant entre les cors un superbe cerisier, haut de dix pieds, pour le moins. Je me souvins alors de ma première aventure, et, considérant l'animal comme une propriété depuis longtemps mienne, d'une balle je l'étendis à terre, de sorte que je gagnai à la fois le rôti et le dessert ; car l'arbre était chargé de fruits, les meilleurs et les plus délicats que j'eusse mangés de ma vie. Qui peut dire, après cela, que quelque pieux et passionné chasseur, abbé ou évêque, n'ait pas semé de la même façon la croix entre les cors du cerf de saint Hubert ? Dans les cas extrêmes, un bon chasseur a recours à n'importe quel expédient plutôt que de laisser échapper une belle occasion, et je me suis trouvé moi-même maintes fois obligé de me tirer par ma seule habileté des passes les plus périlleuses.

Que dites-vous, par exemple, du cas suivant ?

Je me trouvais, à la tombée de la nuit, à bout de munitions, dans une forêt de Pologne. Je m'en retournais à la maison, lorsqu'un ours énorme, furieux, la gueule ouverte, prêt à me dévorer, me barre le passage. En vain je cherche dans toutes mes poches de la poudre et du plomb. Je ne trouve rien que deux pierres à fusil, que j'ai l'habitude d'emporter par précaution. J'en lance violemment une dans la gueule de l'animal, qui pénètre jusqu'au fond de son gosier. Ce traitement n'étant pas du goût du monstre, ma bête fait demi-tour, ce qui me permet de jeter une seconde pierre contre sa porte de derrière. L'expédient réussit admirablement. Non seulement le second silex arriva à son adresse, mais il rencontra le premier : le choc produisit du feu, et l'ours éclata avec une explosion terrible. Je suis sûr qu'un argument a priori lancé ainsi contre un argument a posteriori ferait, au moral, un effet analogue sur plus d'un savant.

Il était écrit que je devais être attaqué par les bêtes les plus terribles et les plus féroces, précisément dans les moments où j'étais le moins en état de leur tenir tête, comme si leur instinct les eut averties de ma faiblesse. C'est ainsi qu'une fois que je venais de dévisser la pierre de mon fusil pour la raviver, un monstre d'ours s'élance en hurlant vers moi. Tout ce que je pouvais faire, c'était de me réfugier sur un arbre, afin de me préparer à la défense. Malheureusement, en grimpant, je laissai tomber mon couteau, et je n'avais plus rien que mes doigts, ce qui était insuffisant, pour visser ma pierre. L'ours se dressait au pied de l'arbre, et je m'attendais à être dévoré d'un moment à l'autre.

J'aurais pu allumer mon amorce en tirant du feu de mes yeux, comme je l'avais fait dans une circonstance précédente ; mais cet expédient ne me tentait que médiocrement : il m'avait occasionné un mal d'yeux dont je n'étais pas encore complètement guéri. Je regardai désespérément mon couteau piqué dans la neige ; mais tout mon désespoir n'avançait pas les choses d'un cran. Enfin il me vint une idée aussi heureuse que singulière. Vous savez tous par expérience que le vrai chasseur porte toujours, comme le philosophe, tout son bien avec lui : quant à moi, ma gibecière est un véritable arsenal qui me fournit des ressources contre toutes les éventualités. J'y fouillai et en tirai d'abord une pelote de ficelle, puis un morceau de fer recourbé, puis une boîte pleine de poix : la poix étant durcie par le froid, je la plaçai contre ma poitrine pour la ramollir. J'attachai ensuite à la corde le morceau de fer que j'enduisis abondamment de poix, et le laissai rapidement tomber à terre. Le morceau de fer enduit de poix se fixa au manche du couteau d'autant plus solidement que la poix, se refroidissant à l'air, formait comme un ciment ; je parvins de la sorte, en manœuvrant avec précaution, à remonter le couteau. À peine avais-je revissé ma pierre, que maître Martin se mit en devoir d'escalader l'arbre.

« Parbleu, pensai-je, il faut être ours pour choisir si bien son moment ! »

Et je l'accueillis avec une si belle décharge, qu'il perdit du coup l'envie de plus jamais monter aux arbres.

Une autre fois je fus serré de si près par un loup que je n'eus, pour me défendre, d'autre ressource que de lui plonger mon poing dans la gueule. Poussé par l'instinct de ma conservation, je l'enfonçai toujours de plus en plus profondément, de façon que mon bras se trouvât engagé jusqu'à l'épaule. Mais que faire après cela ? Pensez un peu à ma situation : nez à nez avec un loup ! Je vous assure que nous ne nous faisions pas les yeux doux : si je retirais mon bras, la bête me sautait dessus infailliblement ; je lisais clairement son intention dans son regard flamboyant. Bref, je lui empoignai les entrailles, les tirai à moi, retournai mon loup comme un gant, et le laissai mort sur la neige.

Je n'aurais assurément pas employé ce procédé à l'égard d'un chien enragé qui me poursuivit un jour dans une ruelle de Saint-Pétersbourg.

« Cette fois, me dis-je, tu n'as qu'à prendre tes jambes à ton coup ! »

Pour mieux courir, je jetai mon manteau et me réfugiai au plus vite chez moi. J'envoyai ensuite mon domestique chercher mon manteau, qu'il replaça dans l'armoire avec mes autres habits. Le lendemain, j'entendis un grand tapage dans la maison, et Jean qui venait vers moi en s'écriant :

« Au nom du ciel, monsieur le baron, votre manteau est enragé ! »

Je m'élance aussitôt, et je vois tous mes vêtements déchirés et mis en pièces. Le drôle avait dit vrai, mon manteau était enragé : j'arrivai juste au moment où le furibond se ruait sur un bel habit de gala tout neuf, et le secouait, et le dépeçait de la façon la plus impitoyable.

# CHAPITRE III

## Des chiens et des chevaux du Baron de Münchhausen.

Dans toutes ces circonstances difficiles d'où je me tirai toujours heureusement, quoique souvent au péril de mes jours, ce furent le courage et la présence d'esprit qui me permirent de surmonter tant d'obstacles. Ces deux qualités font, comme chacun sait, l'heureux chasseur, l'heureux soldat et l'heureux marin. Cependant celui-là serait un chasseur, un amiral ou un général imprudent et blâmable, qui s'en remettrait en tout état de cause à sa présence d'esprit ou à son courage, sans avoir recours ni aux ruses, ni aux instruments, ni aux auxiliaires qui peuvent assurer la réussite de son entreprise. Pour ce qui est de moi, je suis à l'abri de ce reproche, car je puis me vanter d'avoir toujours été cité tant pour l'excellence de mes chevaux, de mes chiens et de mes armes, que pour l'habileté remarquable que je mets à les utiliser. Je ne voudrais pas vous entretenir des détails de mes écuries, de mes chenils ni de mes salles d'armes, comme ont coutume de le faire les palefreniers et les piqueurs, mais je ne peux pas ne pas vous parler de deux chiens qui se sont si particulièrement distingués à mon service, que je ne les oublierai jamais.

L'un était un chien couchant, si infatigable, si intelligent, si prudent, qu'on ne pouvait le voir sans me l'envier. Jour et nuit, il était bon ; la nuit je lui attachais une lanterne à la queue, et, en cet équipage, il chassait tout aussi bien, peut-être mieux qu'en plein jour.

Peu de temps après mon mariage, ma femme manifesta le désir de faire une partie de chasse. Je pris les devants pour faire lever quelque chose, et je ne tardai pas à voir mon chien arrêté devant une compagnie de quelques centaines de perdreaux. J'attendis ma femme, qui venait derrière moi, avec mon lieutenant et un domestique : j'attendis longtemps, personne n'arrivait ; enfin, assez inquiet, je retournai sur mes pas, et, quand je fus à moitié chemin, j'entendis des gémissements lamentables : ils semblaient être tout près, et cependant je n'apercevais nulle part trace d'être vivant.

Je descendis de cheval, j'appliquai mon oreille contre le sol, et non seulement je compris que les gémissements venaient de dessous terre, mais encore je reconnus les voix de ma femme, de mon lieutenant et de mon domestique. Je remarquai en même temps que non loin de l'endroit où j'étais s'ouvrait un puits de mine de houille, et je ne doutai plus que ma femme et ses malheureux compagnons n'y eussent été engloutis. Je courus ventre à terre au prochain village chercher les mineurs, qui, après de grands efforts, parvinrent à retirer les infortunés de ce puits qui mesurait pour le moins quatre-vingt-dix pieds de profondeur.

Ils amenèrent d'abord le domestique, son cheval, ensuite le lieutenant, puis son cheval ; enfin ma femme, et après elle son petit barbe. Le plus curieux de l'affaire, c'est que malgré cette chute effroyable, personne, ni gens ni bête, n'avait été blessé, à l'exception de quelques contusions insignifiantes ; mais ils étaient en proie à une extrême terreur. Comme vous pouvez l'imaginer, il n'y avait plus à penser à reprendre la chasse, et si, ainsi que je le suppose, vous avez oublié mon chien pendant ce récit, vous m'excuserez de l'avoir également oublié après ce terrible événement.

Le lendemain même de ce jour, je dus partir pour affaire de service, et je fus retenu quinze jours hors de chez moi. Aussitôt de retour, je demandai ma Diane. Personne ne s'en était inquiété ; mes gens croyaient qu'elle m'avait suivi ; il fallait donc désespérer de la revoir jamais. À la fin une idée lumineuse me traversa l'esprit :

« Elle est peut-être restée, me dis-je, en arrêt devant la compagnie de perdreaux ! »

Je m'élance aussitôt, plein d'espoir et de joie, et qu'est-ce que je trouve ! ma chienne immobile à la place même où je l'avais laissée quinze jours auparavant. « Pille ! » lui criai-je ; en même temps elle rompit l'arrêt, fit lever les perdreaux, et j'en abattis vingt-cinq d'un seul coup. Mais la pauvre bête eut à peine la force de revenir auprès de moi, tant elle était exténuée et affamée. Je fus obligé, pour la ramener à la maison, de la prendre avec moi sur mon cheval : vous pensez du reste avec quelle joie je me pliai à cette incommodité. Quelques jours de repos et de bons soins la rendirent aussi fraîche et aussi vive qu'auparavant, et ce ne fut que plusieurs semaines plus tard que je me trouvai à même de résoudre une énigme qui, sans ma chienne, me fût sans doute restée éternellement incompréhensible.

Je m'acharnais depuis deux jours à la poursuite d'un lièvre. Ma chienne le ramenait toujours et je ne parvenais jamais à le tirer. Je ne crois pas à la sorcellerie, j'ai vu trop de choses extraordinaires pour cela, mais j'avoue que je perdais mon latin avec ce maudit lièvre. Enfin je l'atteignis si près que je le touchais du bout de mon fusil : il culbuta, et que pensez-vous, messieurs, que je trouvai ? Mon lièvre avait quatre pattes au ventre et quatre autres sur le dos. Lorsque les deux paires de dessous étaient fatiguées, il se retournait comme un nageur habile qui fait alternativement la coupe et la planche, et il repartait de plus belle avec ses deux paires fraîches.

Je n'ai jamais revu depuis de lièvre semblable à celui-là, et je ne l'aurais assurément pas pris avec une autre chienne que Diane. Elle surpassait tellement tous ceux de sa race, que je ne craindrais pas d'être taxé d'exagération en la disant unique, si un lévrier que je possédais ne lui avait disputé cet honneur. Cette petite bête était moins remarquable par sa mine que par son incroyable rapidité. Si ces messieurs l'avaient vue, ils l'auraient certainement admirée, et n'auraient point trouvé étonnant que je l'aimasse si fort, et que je prisse tant de plaisir à chasser avec elle. Ce lévrier courut si vite et si longtemps à mon service, qu'il s'usa les pattes jusqu'au-dessus du jarret, et que sur ses vieux jours je pus l'employer avantageusement en qualité de terrier.

Alors que cette intéressante bête était encore lévrier ou, pour parler plus exactement, levrette, elle fit lever un lièvre qui me parut extrêmement gros. Ma chienne était pleine à ce moment, et cela me peinait de voir les efforts qu'elle faisait pour courir aussi vite que d'habitude.

Tout à coup j'entendis des jappements, comme si c'eût été une meute entière qui les poussât, mais faibles et incertains, si bien que je ne savais d'où cela partait : lorsque je me fus approché, je vis la chose la plus surprenante du monde.

Le lièvre, ou plutôt la hase, car c'était une femelle, avait mis bas en courant ; ma chienne en avait fait autant, et il était né précisément autant de petits lièvres que de petits chiens. Par instinct les premiers avaient fui, et, par instinct aussi, les seconds les avaient non seulement poursuivis, mais pris, de sorte que je me trouvai terminer avec six chiens et six lièvres une chasse que j'avais commencée avec un seul lièvre et un seul chien.

Au souvenir de cette admirable chienne, je ne puis m'empêcher de rattacher celui d'un excellent cheval lituanien, une bête sans prix ! Je l'eus par suite d'un hasard qui me donna l'occasion de montrer glorieusement mon adresse de cavalier. Je me trouvais dans un des biens du comte Przobowski, en Lituanie, et j'étais resté dans le salon à prendre le thé avec les dames, tandis que les hommes étaient allés dans la cour examiner un jeune cheval de sang arrivé récemment du haras. Tout à coup nous entendîmes un cri de détresse.

Je descendis en toute hâte l'escalier, et je trouvai le cheval si furieux, que personne n'osait ni le montrer, ni même l'approcher ; les cavaliers les plus résolus restaient immobiles et fort embarrassés : l'effroi se peignait sur tous les visages lorsque d'un seul bond je m'élançai sur la croupe du cheval ; je le surpris et le matai tout d'abord par cette hardiesse ; mes talents hippiques achevèrent de le dompter et de le rendre doux et obéissant. Afin de rassurer les dames, je fis sauter ma bête dans le salon en passant par la fenêtre ; je fis plusieurs tours au pas, au trot et au galop, et, pour terminer, je vins me placer sur la table même, où j'exécutai les plus élégantes évolutions de la haute école, ce qui réjouit fort la société. Ma petite bête se laissa si bien mener, qu'elle ne cassa pas un verre, pas une tasse. Cet événement me mit si fort en faveur auprès des dames et du comte, qu'il me pria avec sa courtoisie habituelle de vouloir bien accepter ce jeune cheval, qui me conduirait à la victoire dans la prochaine campagne contre les Turcs, qui allait s'ouvrir sous les ordres du comte Munich.

# CHAPITRE IV

## Aventures du baron de Münchhausen dans la guerre contre les Turcs.

Certes, il eût été difficile de me faire un cadeau plus agréable que celui-là, dont je me promettais beaucoup de bien pour la prochaine campagne et qui devait me servir à faire mes preuves. Un cheval aussi docile, aussi courageux, aussi ardent – un agneau et un bicéphale tout à la fois –, devait me rappeler les devoirs du soldat, et en même temps les faits héroïques accomplis par le jeune Alexandre dans ses fameuses guerres.

Le but principal de notre campagne était de rétablir l'honneur des armes russes qui avait quelque peu été atteint sur le Pruth, du temps du tsar Pierre : nous y parvînmes après de rudes mais de glorieux combats, et grâce aux talents du grand général que j'ai nommé plus haut. La modestie interdit aux subalternes de s'attribuer de beaux faits d'armes ; la gloire doit en revenir communément aux chefs, si nuls qu'ils soient, aux rois et au reines qui n'ont jamais senti brûler de poudre qu'à l'exercice, et n'ont jamais vu manœuvrer d'armée qu'à la parade.

Ainsi, je ne revendique pas la moindre part de la gloire que notre armée recueillit dans maint engagement. Nous fîmes tous notre devoir, mot qui, dans la bouche du citoyen, du soldat, de l'honnête homme, a une signification beaucoup plus large que ne se l'imaginent messieurs les buveurs de bière. Comme je commandais alors un corps de hussards, j'eus à exécuter différentes expéditions où l'on s'en remettait entièrement à mon expérience et à mon courage : pour être juste, cependant, je dois dire ici qu'une grande part de mes succès revient à ces braves compagnons que je conduisais à la victoire.

Un jour que nous repoussions une sortie des Turcs sous les murs d'Oczakow, l'avant-garde se trouva chaudement engagée. J'occupais un poste assez avancé ; tout à coup je vis venir du côté de la ville un parti d'ennemis enveloppés d'un nuage de poussière qui m'empêchait d'apprécier le nombre et la distance. M'entourer d'un nuage semblable, c'eût été un stratagème vulgaire, et cela m'eût, en outre, fait manquer mon but. Je déployai mes tirailleurs sur les ailes en leur recommandant de faire autant de poussière qu'ils pourraient. Quant à moi, je me dirigeai droit sur l'ennemi, afin de savoir au juste ce qui en était.

Je l'atteignis : il résista d'abord et tint bon jusqu'au moment où mes tirailleurs vinrent jeter le désordre dans ses rangs. Nous le dispersâmes complètement, en fîmes un grand carnage et le refoulâmes non seulement dans la place, mais encore au-delà, de façon qu'il s'enfuît par la porte opposée, résultat que nous n'osions pas espérer.

Comme mon lituanien allait extrêmement vite, je me trouvai le premier sur le dos des fuyards, et, voyant que l'ennemi courait si bien vers l'autre issue de la ville, je jugeai bon de m'arrêter sur la place du marché et de faire sonner le rassemblement. Mais figurez-vous mon étonnement, messieurs, en ne voyant autour de moi ni trompette ni aucun de mes hussards !

« Que sont-ils devenus ? me dis-je ; se seraient-ils répandus dans les rues ? »

Ils ne pouvaient cependant pas être bien loin, et ne devaient pas tarder à me rejoindre. En attendant, je menai mon lituanien à la fontaine qui occupait le milieu de la place, pour l'abreuver. Il se mit alors à boire d'une façon inconcevable, sans que cela parût le désaltérer : j'eus bientôt l'explication de ce phénomène singulier, car, en me retournant pour regarder si mes gens n'arrivaient pas, qu'imaginez-vous que je vis, messieurs ? Tout l'arrière-train de mon cheval était absent et coupé net. L'eau s'écoulait par-derrière à mesure qu'elle entrait par-devant, sans que la bête en conservât rien.

Comment cela était-il arrivé ? Je ne pouvais m'en rendre compte, lorsque, enfin, mon hussard arriva du côté opposé à celui par lequel j'étais venu et, à travers un torrent de cordiales félicitations et d'énergiques jurons, me rapporta ce qui suit. Tandis que je m'étais jeté pêle-mêle au milieu des fuyards, on avait brusquement laissé retomber la herse de la porte, qui avait tranché net l'arrière-train de mon cheval. Cette seconde partie de ma bête était d'abord restée au milieu des ennemis et y avait exercé de terribles ravages ; puis, ne pouvant pénétrer dans la ville, elle s'était dirigée vers un pré voisin, où je la retrouverais sans aucun doute. Je tournai bride aussitôt, et l'avant de mon cheval me mena au grand galop vers la prairie. À ma grande joie, j'y retrouvai en effet l'autre moitié qui se livrait aux évolutions les plus ingénieuses et passait gaiement le temps avec les juments qui erraient sur la pelouse.

Étant dès lors bien assuré que les deux parties de mon cheval étaient vivantes, j'envoyai chercher notre vétérinaire. Sans perdre de temps, il les rajusta au moyen de rameaux de laurier qui se trouvaient là, et la blessure guérit heureusement. Il advint alors quelque chose qui ne pouvait arriver qu'à un animal aussi supérieur. Les branches prirent racine dans son corps, poussèrent, et formèrent autour de moi comme un berceau à l'ombre duquel j'accomplis plus d'une action d'éclat.

Je veux vous raconter encore ici un petit désagrément qui résulta de cette brillante affaire. J'avais si vigoureusement, si longtemps et si impitoyablement sabré l'ennemi, que mon bras en avait conservé le mouvement, alors que les Turcs avaient depuis longtemps disparu. Dans la crainte de me blesser et surtout de blesser les miens lorsqu'ils m'approchaient, je me vis obligé de porter pendant huit jours mon bras en écharpe, comme si j'eusse été amputé.

Lorsqu'un homme monte un cheval tel que mon lituanien, vous pouvez bien, messieurs, le croire capable d'exécuter un autre trait qui paraît, au premier abord, tenir du fabuleux. Nous faisions le siège d'une ville dont j'ai oublié le nom, et il était de la plus haute importance pour le feld-maréchal de savoir ce qui se passait dans la place : il paraissait impossible d'y pénétrer, car il eût fallu se faire jour à travers les avant-postes, les grands gardes et les ouvrages avancés, personne n'osait se charger d'une pareille entreprise. Un peu trop confiant peut-être dans mon courage et emporté par mon zèle, j'allai me placer près d'un de nos gros canons et, au moment où le coup partait, je m'élançai sur le boulet, dans le but de pénétrer par ce moyen dans la ville ; mais lorsque je fus à moitié route, la réflexion me vint.

« Hum ! pensai-je, aller, c'est bien, mais comment revenir ? Que va-t-il arriver une fois dans la place ? On te traitera en espion et on te pendra au premier arbre : ce n'est pas une fin digne de Münchhausen ! »

Ayant fait cette réflexion, suivie de plusieurs autres du même genre, j'aperçus un boulet, dirigé de la forteresse contre notre camp, qui passait à quelques pas de moi ; je sautai dessus, et je revins au milieu des miens, sans avoir, il est vrai, accompli mon projet, mais du moins entièrement sain et sauf.

Si j'étais leste et alerte à la voltige, mon brave cheval ne l'était pas moins. Haies ni fossés, rien ne l'arrêtait, il allait toujours droit devant lui. Un jour, un lièvre que je poursuivais coupa la grande route ; en ce moment même, une voiture où se trouvaient deux belles dames vint me séparer du gibier. Mon cheval passa si rapidement et si légèrement à travers la voiture, dont les glaces étaient baissées, que j'eus à peine le temps de retirer mon chapeau et de prier ces dames de m'excuser de la liberté grande.

Une autre fois, je voulus sauter une mare, et, lorsque je me trouvai au milieu, je m'aperçus qu'elle était plus grande que je ne me l'étais figuré d'abord : je tournai aussitôt bride au milieu de mon élan, et je revins sur le bord que je venais de quitter, pour reprendre plus de champ ; cette fois encore je m'y pris mal, et tombai dans la mare jusqu'au cou : j'aurais péri infailliblement si, par la force de mon propre bras, je ne m'étais enlevé par ma propre queue[1], moi et mon cheval que je serrai fortement entre les genoux.

---

[1] Le texte original : « meinem eigenen Haarzopfe » signifie littéralement « ma propre queue de cheval » ou « natte de cheveux ».

# CHAPITRE V

## Aventures du baron de Münchhausen pendant sa captivité chez les Turcs.
## Il revient dans sa patrie.

Malgré tout mon courage, malgré la rapidité, l'adresse et la souplesse de mon cheval, je ne remportai pas toujours, dans la guerre contre les Turcs, les succès que j'eusse désirés. J'eus même le malheur, débordé par le nombre, d'être fait prisonnier, et, ce qui est plus triste encore, quoique cela soit une habitude chez ces gens-là, je fus vendu comme esclave.

Réduit à cet état d'humiliation, j'accomplissais un travail moins dur que singulier, moins avilissant qu'insupportable. J'étais chargé de mener chaque matin au champ les abeilles du sultan, de les garder tout le jour et de les ramener le soir à leur ruche. Un soir, il me manqua une abeille ; mais je reconnus aussitôt qu'elle avait été attaquée par deux ours qui voulaient la mettre en pièces pour avoir son miel. N'ayant entre les mains d'autre arme que la hachette d'argent qui est le signe distinctif des jardiniers et des laboureurs du sultan, je la lançai contre les deux voleurs, dans le but de les effrayer. Je réussis en effet à délivrer la pauvre abeille ; mais l'impulsion donnée par mon bras avait été trop forte ; la hache s'éleva en l'air si haut, si haut, qu'elle s'en alla tomber dans la lune. Comment la ravoir ? Où trouver une échelle pour aller la rechercher ?

Je me rappelai alors que le pois de Turquie croît très rapidement et à une hauteur extraordinaire. J'en plantai immédiatement un, qui se mit à pousser et alla de lui-même contourner sa pointe autour d'une des cornes de la lune. Je grimpai lestement vers l'astre, où j'arrivai sans encombre. Ce ne fut pas un petit travail que de rechercher ma hachette d'argent dans un endroit où tous les objets sont également en argent. Enfin je la trouvai sur un tas de paille.

Alors je songeai au retour. Mais, ô désespoir ! la chaleur du soleil avait flétri la tige de mon pois, si bien que je ne pouvais descendre par cette voie sans risquer de me casser le cou. Que faire ? Je tressai avec la paille une corde aussi longue que je pus : je la fixai à l'une des cornes de la lune, et je me laissai glisser. Je me soutenais de la main droite, j'avais ma hache dans la gauche : arrivé au bout de ma corde, je tranchai la portion supérieure et la rattachai à l'extrémité inférieure : je réitérai plusieurs fois cette opération, et je finis, au bout de quelques temps, par discerner au-dessous de moi la campagne du sultan.

Je pouvais bien être encore à une distance de deux lieues de la terre, dans les nuages, lorsque la corde se cassa, et je tombai si rudement sur le sol, que j'en restai tout étourdi. Mon corps, dont le poids s'était accru par la vitesse acquise et par la distance parcourue, creusa dans la terre un trou d'au moins neuf pieds de profondeur. Mais la nécessité est bonne conseillère. Je me taillai avec mes ongles de quarante ans une sorte d'escalier, et je parvins de cette façon à revoir le jour.

Instruit par cette expérience, je trouvai un meilleur moyen de me débarrasser des ours qui en voulaient à mes abeilles et à mes ruches. J'enduisis de miel le timon d'un chariot, et je me plaçai non loin de là en embuscade, pendant la nuit. Un ours énorme, attiré par l'odeur du miel, arriva et se mit à lécher si avidement le bout du timon, qu'il finit par se le passer tout entier dans la gueule, dans l'estomac et dans les entrailles : lorsqu'il fut bien embroché, j'accourus, je fichai dans le trou placé à l'extrémité du timon une grosse cheville, et coupant ainsi la retraite au gourmand, je le laissai dans cette position jusqu'au lendemain matin. Le sultan, qui vint se promener dans les environs, faillit mourir de rire en voyant le tour que j'avais joué à l'ours.

Peu de temps après, les Russes conclurent la paix avec les Turcs, et je fus renvoyé à Saint-Pétersbourg avec nombre d'autres prisonniers de guerre. Je pris mon congé, et je quittai la Russie au moment de cette grande révolution qui eut lieu il y a environ quarante ans, et à la suite de laquelle l'empereur au berceau, avec sa mère et son père, le duc de Brunswick, le feld-maréchal Munich et tant d'autres, fut exilé en Sibérie. Il sévit cette année-là un tel froid dans toute l'Europe, que le soleil lui-même y gagna des engelures, dont on voit encore les marques qu'on observe sur sa face. Aussi eus-je beaucoup plus à souffrir à mon retour que lors de mon premier voyage.

Mon lituanien étant resté en Turquie, j'étais obligé de voyager en poste. Or, il advint que, nous trouvant engagés dans un chemin creux bordé de haies élevées, je dis au postillon de donner avec son cor un signal, afin d'empêcher une autre voiture de s'engager en même temps dans l'autre bout de chemin. Mon drôle obéit et souffla de toutes ses forces dans son cor, mais ses efforts furent vains : il ne put en tirer une note, ce qui était d'abord incompréhensible, et ensuite fort gênant, car nous ne tardâmes pas à voir arriver sur nous une voiture qui occupait toute la largeur de la route.

Je descendis aussitôt et commençai par dételer les chevaux ; puis je pris sur mes épaules la voiture avec ses quatre roues et ses bagages, et je sautai avec cette charge dans les champs, par-dessus le talus et la haie du bord, haute d'au moins neuf pieds, ce qui n'était pas une bagatelle, vu le poids du fardeau : au moyen d'un second saut, je reportai ma chaise de poste sur la route, au-delà de l'autre voiture. Cela fait, je revins vers les chevaux, j'en pris un sous chaque bras, et je les transportai par le même procédé auprès de la chaise ; après quoi nous attelâmes et nous atteignîmes sans encombre la station de poste.

J'ai oublié de vous dire que l'un de mes chevaux, qui était jeune et très fougueux, faillit me donner beaucoup de mal : car au moment que je franchissais pour la seconde fois la haie, il se mit à ruer et à remuer les jambes si violemment que je me trouvai un instant fort embarrassé. Mais je l'empêchai de continuer cette gymnastique en fourrant ses deux jambes de derrière dans les poches de mon habit.

Arrivés à l'auberge, le postillon accrocha son cor à un clou dans la cheminée, et nous nous mîmes à table. Or, écoutez, messieurs, ce qui arriva ! – *Tarata, tarata, tat, tata !* – voilà le cor qui se met à jouer tout seul. Nous ouvrons de grands yeux, en nous demandant ce que cela signifie. Imaginez-vous que les notes s'étaient gelés dans le cor, et que, la chaleur les dégelant peu à peu, elles sortaient claires et sonores, à la grande louange du postillon, car l'intéressant instrument nous fit pendant une demi-heure d'excellente musique sans qu'il fût besoin de souffler dedans. Il nous joua d'abord la marche prussienne, puis « *Sans amour et sans vin* », puis « *Quand je suis triste* », et maintes chansons populaires, entre autres la ballade « *Tout repose dans les bois* ». Cette aventure fut la dernière de mon voyage en Russie.

Beaucoup de voyageurs ont l'habitude, en narrant leurs aventures, d'en raconter beaucoup plus long qu'ils n'en ont vu. Il n'est donc pas étonnant que les lecteurs et les auditeurs soient parfois enclins à l'incrédulité. Toutefois, s'il était dans l'honorable société quelqu'un qui fût porté à douter de la véracité de ce que j'avance, je serais extrêmement peiné de ce manque de confiance, et je l'avertirais qu'en ce cas ce qu'il a de mieux à faire c'est de se retirer avant que je commence le récit de mes aventures de mer qui sont plus extraordinaires encore, bien qu'elles ne soient pas moins authentiques.

# CHAPITRE VI

## Première aventure de mer.

Le premier voyage que je fis dans ma vie, peu de temps avant celui de Russie dont je vous ai raconté les épisodes les plus remarquables, fut un voyage sur mer.

J'étais encore en procès avec les oies, comme avait coutume de me le répéter mon oncle le major – une fière moustache de colonel de hussards –, et l'on ne savait pas encore au juste si le duvet blanc qui parsemait mon menton serait chiendent ou barbe, que déjà les voyages étaient mon unique poésie, la seule aspiration de mon cœur.

Mon père avait passé la plus grande partie de sa jeunesse à voyager, et il abrégeait les longues soirées d'hiver par le récit véridique de ses aventures. Aussi peut-on attribuer mon goût autant à la nature qu'à l'influence de l'exemple paternel. Bref, je saisissais toutes les occasions que je croyais devoir me fournir les moyens de satisfaire mon insatiable désir de voir le monde ; mais tous mes efforts furent vains.

Si par hasard je parvenais à faire une petite brèche à la volonté de mon père, ma mère et ma tante n'en résistaient que plus opiniâtrement, et, en quelques instants, j'avais perdu les avantages que j'avais eu tant de peine à conquérir. Enfin le hasard voulut qu'un de mes parents maternels vînt nous faire une visite. Je fus bientôt son favori ; il me disait souvent que j'étais un gentil et joyeux garçon, et qu'il voulait faire tout son possible pour m'aider dans l'accomplissement de mon désir. Son éloquence fut plus persuasive que la mienne, et après un échange de représentations et de répliques, d'objections et de réfutations, il fut décidé, à mon extrême joie, que je l'accompagnerais à Ceylan, où son oncle avait été gouverneur pendant plusieurs années.

Nous partîmes d'Amsterdam, chargés d'une mission importante de la part de Leurs Hautes Puissances les États de Hollande. Notre voyage ne présenta rien de bien remarquable, à l'exception d'une terrible tempête, à laquelle je dois consacrer quelques mots, à cause des singulières conséquences qu'elle amena. Elle éclata juste au moment où nous étions à l'ancre devant une île, pour faire de l'eau et du bois : elle sévissait si furieuse, qu'elle déracina et souleva en l'air nombre d'arbres énormes. Bien que quelques-uns pesassent plusieurs centaines de quintaux, la hauteur prodigieuse à laquelle ils étaient enlevés les faisait paraître pas plus gros que ces petites plumes que l'on voit parfois voltiger dans l'air.

Cependant, dès que la tempête se fut apaisée, chaque arbre retomba juste à sa place, et reprit aussitôt racine, de sorte qu'il ne resta pas la moindre trace des ravages causés par les éléments. Seul, le plus gros de ces arbres fit exception. Au moment où il avait été arraché de terre par la violence de la tempête, un homme était occupé avec sa femme à y cueillir des concombres ; car, dans cette partie du monde, cet excellent fruit croît sur les arbres. L'honnête couple accomplit aussi patiemment que le mouton de Blanchard le voyage aérien ; mais par son poids il modifia la direction de l'arbre, qui retomba horizontalement sur le sol. Or, le très gracieux cacique de l'île avait, ainsi que la plupart des habitants, abandonné sa demeure, par crainte d'être enseveli sous les ruines de son palais ; à la fin de l'ouragan il revenait chez lui en passant par son jardin, lorsque l'arbre tomba précisément en ce moment et, par bonheur, le tua net.

« Par bonheur, dites-vous ?

— Oui, oui, par bonheur ; car, messieurs, le cacique était, sauf votre respect, un abominable tyran, et les habitants de l'île, sans en excepter ses favoris et ses maîtresses, étaient les plus malheureuses créatures qu'on pût trouver sous la calotte des cieux. Des masses d'approvisionnements pourrissaient dans ses magasins et ses greniers, tandis que son peuple, à qui il les avait extorqués, mourait littéralement de faim. »

Son île n'avait rien à craindre de l'étranger : malgré cela il mettait la main sur tous les jeunes gens pour en faire des héros suivant l'ordonnance, et de temps en temps vendait sa collection au voisin le plus le plus offrant, pour ajouter de nouveaux millions de coquillages aux millions qu'il avait hérités de son père. On nous dit qu'il avait rapporté ce procédé inouï d'un voyage qu'il avait fait dans le Nord ; c'est là une assertion que, malgré tout notre patriotisme, nous n'essayâmes pas de réfuter ; quoique, chez ces insulaires, un voyage dans le Nord puisse signifier aussi bien un voyage aux Canaries qu'une excursion au Groenland ; mais nous avions plusieurs raisons de ne pas insister sur ce point.

En reconnaissance du grand service que ces cueilleurs de concombres avaient rendu à leurs compatriotes, on les plaça sur le trône laissé vacant par la mort du cacique. Il est vrai de dire que ces braves gens avaient dans leur voyage aérien vu le soleil de si près, que l'éclat de cette lumière leur avait pas mal obscurci les yeux, et quelque peu aussi l'intelligence ; mais ils n'en régnèrent que mieux, si bien que personne ne mangeait de concombre sans dire : « Dieu protège notre cacique ! »

Après avoir réparé notre bâtiment, qui n'avait pas peu souffert de la tourmente, et pris congé des nouveaux souverains, nous mîmes à la voile par un vent favorable, et, au bout de six semaines, nous fûmes à Ceylan.

Quinze jours environ après notre arrivée, le fils aîné de gouverneur me proposa d'aller à la chasse avec lui, ce que j'acceptai de grand cœur. Mon ami était grand et fort, habitué à la chaleur du climat ; mais moi, je ne tardai pas, quoique je ne me fusse pas beaucoup remué, à être si accablé, que, lorsque nous arrivâmes en forêt, je me trouvai en arrière de lui.

Je me disposai à m'asseoir, pour prendre quelque repos, au bord d'une rivière qui depuis quelque temps attirait mon attention, lorsqu'il se fit tout à coup un grand bruit derrière moi. Je me retournai et restai comme pétrifié en apercevant un énorme lion qui se dirigeait sur moi, et me donnait à entendre qu'il désirait vivement déjeuner de ma pauvre personne, sans m'en demander la permission. Mon fusil était chargé à petit plomb. Je n'avais ni le temps ni la présence d'esprit nécessaires pour réfléchir longuement ; je résolus donc de faire feu sur la bête, sinon pour la blesser, du moins pour l'effrayer. Mais au moment où je le visai, l'animal devinant sans doute mes intentions, devint furieux et s'élança sur moi. Par instinct plutôt que par raisonnement, j'essayai une chose impossible, c'est-à-dire de fuir. Je me retourne et – j'en frissonne encore rien que d'y penser ! – je vois à quelques pas devant moi un monstrueux crocodile, qui ouvrait déjà formidablement sa gueule pour m'avaler.

Représentez-vous, messieurs, l'horreur de ma situation : par-derrière, le lion ; par-devant, le crocodile ; à gauche, une rivière rapide ; à droite, un précipice hanté, comme je l'appris plus tard par des serpents venimeux !

Étourdi, stupéfié – Hercule lui-même l'eût été dans une pareille circonstance –, je tombai à terre. La seule pensée qui occupait mon âme était l'attente du moment où je sentirais la pression des dents du lion furieux, ou bien l'étreinte des mâchoires du crocodile. Mais au bout de quelques secondes j'entendis un bruit violent et étrange, quoique je n'éprouvasse aucune douleur. Je lève doucement la tête et je vois, à ma grande joie, que le lion, emporté par l'élan qu'il avait pris pour se jeter sur moi, était tombé juste dans la gueule du crocodile. Sa tête avait pénétré jusque dans le gosier de l'autre bête, et il faisait de vains efforts pour se dégager. Je me relevai aussitôt, tirai mon coutelas, et d'un coup je tranchai la tête du lion, dont le corps vint rouler à mes pieds ; puis, avec la crosse de mon fusil, j'enfonçai sa tête aussi avant que je pus dans le gosier du crocodile, qui ne tarda pas à étouffer misérablement.

Quelques instants après que j'eus remporté cette éclatante victoire sur ces deux terribles ennemis, mon camarade arriva, inquiet de mon absence. Il me félicita chaudement, et nous mesurâmes le crocodile : il comptait quarante pieds de Paris et sept pouces de long.

Dès que nous eûmes raconté cette aventure extraordinaire au gouverneur, il envoya un chariot avec des gens pour chercher les deux animaux. Un pelletier de l'endroit me fit avec la peau du lion un certain nombre de blagues à tabac, dont je distribuai une partie à mes connaissances à Ceylan. Celles qui me restaient, j'en fis hommage plus tard aux bourgmestres d'Amsterdam qui voulurent absolument me faire en retour un cadeau de mille ducats, que j'eus toutes les peines du monde à refuser.

La peau du crocodile fut empaillée suivant la méthode ordinaire et fait aujourd'hui le plus bel ornement du Muséum d'Amsterdam, dont le gardien raconte mon histoire à chaque visiteur. Je dois dire cependant qu'il y ajoute plusieurs détails de son invention, qui offensent gravement la vérité et la vraisemblance. Par exemple, il dit que le lion a traversé le crocodile dans toute sa longueur, et qu'au moment où il sortait par le côté opposé à celui par lequel il était entré, monsieur l'illustrissime baron – c'est ainsi qu'il a coutume de m'appeler – avait coupé, en lui tranchant la tête, trois pieds de queue de crocodile.

« Le crocodile, ajoute le drôle, profondément humilié de cette mutilation, se retourna, arracha le coutelas des mains de monsieur le baron, et l'avala avec tant de fureur, qu'il se le fit passer droit à travers le cœur, et mourut instantanément. »

Je n'ai pas besoin de vous dire, messieurs, combien je suis peiné de l'impudence de ce coquin. Dans le siècle de scepticisme où nous vivons, les gens qui ne me connaissent point pourraient être amenés, par suite de ces grossiers mensonges, à révoquer en doute la vérité de mes aventures réelles, chose qui lèse gravement un homme d'honneur.

# CHAPITRE VII

## Deuxième aventure de mer.

En l'année 1776, je m'embarquai à Portsmouth pour l'Amérique du Nord, sur un vaisseau de guerre anglais de premier rang, portant cent canons et quatorze cents hommes d'équipage. Je pourrais vous raconter ici différentes aventures qui m'arrivèrent en Angleterre, mais je les réserve pour une autre fois. Il en est une cependant que je veux mentionner. J'eus une fois le plaisir de voir passer le roi, se rendant en grande pompe au Parlement, dans sa voiture de gala. Le siège était occupé par un énorme cocher dans la barbe duquel se trouvaient très artistement découpées les armes d'Angleterre, et, avec son fouet, il décrivait dans l'air, de la façon la plus intelligible le chiffre du roi, un G et un R, surmontés d'une couronne royale, et si habilement entrelacés que le meilleur calligraphe aurait eu de la peine à faire mieux.

Dans notre traversée, il ne nous arriva rien d'extraordinaire. Le premier incident eut lieu à environ trois cents milles du fleuve Saint-Laurent : notre vaisseau heurta avec une violence extrême contre quelque chose qui nous sembla être un rocher.

Cependant, quand nous jetâmes la sonde, nous ne trouvâmes pas le fond à cinq cents brasses. Ce qui rendait cet incident encore plus extraordinaire et plus incompréhensible, c'est que nous avions du coup perdu notre gouvernail ; notre beaupré était cassé en deux, tous nos mâts s'étaient fendus dans la longueur, et deux s'étaient abattus sur le pont. Un pauvre diable de matelot, qui était occupé dans les agrès à serrer la grand-voile, fut enlevé à plus de trois lieues du vaisseau avant de tomber à l'eau. Heureusement, pendant ce trajet, il eut la présence d'esprit de saisir au vol la queue d'une grue, ce qui non seulement diminua la rapidité de sa chute, mais encore lui permit de nager jusqu'au vaisseau en se prenant au cou de la bête.

Le choc avait été si violent que tout l'équipage, qui se trouvait sur le pont, fut lancé contre le tillac. J'en eus, du coup, la tête renfoncée dans les épaules, et il fallut plusieurs mois avant qu'elle reprît sa position naturelle. Nous nous trouvions tous dans un état de stupéfaction et de trouble difficile à décrire, lorsque l'apparition d'une énorme baleine qui sommeillait sur la surface de l'océan vint nous donner l'explication de cet événement. Le monstre avait trouvé mauvais que notre vaisseau l'eût heurté, et s'était mis à donner de grands coups de queue sur nos bordages ; dans sa colère, il avait saisi dans sa bouche la maîtresse ancre qui se trouvait, suivant l'usage, suspendue à l'arrière, et l'avait emportée en entraînant notre vaisseau sur un parcours de près de soixante mille, à raison de dix milles à l'heure.

Dieu sait où nous serions allés, si par bonheur le câble de notre ancre ne se fût rompu, de sorte que la baleine perdit notre vaisseau, et que nous, nous perdîmes notre ancre. Lorsque, plusieurs mois après, nous revînmes en Europe, nous retrouvâmes la même baleine presque à la même place : elle flottait morte, sur l'eau, et mesurait près d'un demi-mille de long. Nous ne pouvions prendre à bord qu'une petite partie de cette formidable bête : nous mîmes donc nos canots à la mer, et nous détachâmes à grand-peine la tête de la baleine : nous eûmes la satisfaction d'y retrouver non seulement notre ancre, mais encore quarante toises de câble qui s'étaient logées dans une dent creuse, placée à la gauche de sa mâchoire inférieure.

Ce fut l'unique événement intéressant qui marqua notre retour. Mais non ! j'en oubliais un qui faillit nous être fatal à tous. Lorsque, à notre premier voyage, nous fûmes entraînés par la baleine, notre vaisseau prit une voie d'eau si large que toutes nos pompes n'eussent pu nous empêcher de couler bas en une demi-heure. Heureusement j'avais été le premier à m'apercevoir de l'accident : le trou mesurait au moins un pied de diamètre. J'essayai de le boucher par tous les moyens connus, mais en vain : enfin je parvins à sauver ce beau vaisseau et son nombreux équipage par la plus heureuse imagination du monde. Sans prendre le temps de retirer mes culottes, je m'assis intrépidement dans le trou ; l'ouverture eût-elle été beaucoup plus vaste, j'eusse encore réussi à la boucher ; vous ne vous en étonnerez pas, messieurs, quand je vous aurai dit que je descends, en lignes paternelle et maternelle, de familles hollandaises, ou au moins westphaliennes. À la vérité, ma position sur ce trou était assez humide, mais j'en fus bientôt tiré par les soins du charpentier.

# CHAPITRE VIII

## Troisième aventure de mer.

Un jour, je fus en grand danger de périr dans la Méditerranée. Je me baignais par une belle après-midi d'été non loin de Marseille, lorsque je vis un grand poisson s'avancer vers moi, à toute vitesse, la gueule ouverte. Impossible de me sauver, je n'en avais ni le temps ni les moyens. Sans hésiter, je me fis aussi petit que possible ; je me pelotonnai en ramenant mes jambes et mes bras contre mon corps : dans cet état, je me glissai entre les mâchoires du monstre jusque dans son gosier. Arrivé là, je me trouvai plongé dans une obscurité complète, et dans une chaleur qui ne m'était pas désagréable. Ma présence dans son gosier le gênait singulièrement, et il n'aurait sans doute pas demandé mieux que de se débarrasser de moi : pour lui être plus insupportable encore, je me mis à marcher, à sauter, à danser, à me démener et à faire mille tours dans ma prison. La gigue écossaise, entre autres, paraissait lui être particulièrement désagréable : il poussait des cris lamentables, se dressait parfois tout debout en sortant de l'eau à mi-corps. Il fut surpris dans cet exercice par un bateau italien qui accourut, le harponna, et eut raison de lui au bout de quelques minutes. Dès qu'on l'eut amené à bord, j'entendis l'équipage qui se concertait sur les moyens de le dépecer de façon à en tirer le plus d'huile possible. Comme je comprenais l'italien, je fus pris d'une grande frayeur, craignant d'être découpé en compagnie de l'animal. Pour me mettre à l'abri de leurs couteaux, j'allai me placer au centre de l'estomac, où douze hommes eussent pu tenir aisément ; je supposais qu'ils attaqueraient l'ouvrage par les extrémités. Mais je fus bientôt rassuré, car ils commencèrent par ouvrir le ventre. Dès que je vis poindre un filet de jour, je me mis à crier à plein gosier combien il m'était agréable de voir ces messieurs et d'être tiré par eux dans une position où je n'eusse pas tardé à être étouffé.

Je ne pourrais vous décrire la stupéfaction qui se peignit sur tous les visages lorsqu'ils entendirent une voix humaine sortir des entrailles du poisson ; leur étonnement ne fit que s'accroître quand ils en virent émerger un homme complètement nu. Bref, messieurs, je leur racontai l'aventure telle que je vous l'ai rapportée ; ils en rirent à en mourir.

Après avoir pris quelque rafraîchissement, je me jetai à l'eau pour me laver et je nageai vers la plage, où je retrouvai mes habits à la place où je les avais laissés. Si je ne me trompe dans mon calcul, j'étais resté emprisonné environ trois quarts d'heure dans le corps de ce monstre.

# CHAPITRE IX

## Quatrième aventure de mer.

Lorsque j'étais encore au service de la Turquie, je m'amusais souvent à me promener sur mon yacht de plaisance dans la mer de Marmara, d'où l'on jouit d'un coup d'œil admirable sur Constantinople et sur le sérail du Grand Seigneur. Un matin, que je contemplais la beauté et la sérénité du ciel, j'aperçus dans l'air un objet rond, gros à peu près comme une boule de billard, et au-dessous duquel paraissait pendre quelque chose. Je saisis aussitôt la meilleure et la plus longue de mes carabines, sans lesquelles je ne sors ni ne voyage jamais ; je la chargeai à balles, et je tirai sur l'objet rond, mais je ne l'atteignis pas. Je mis alors double charge : je ne fus pas plus heureux. Enfin, au troisième coup, je lui envoyai quatre ou cinq balles qui lui firent un trou dans le côté et l'amenèrent.

Représentez-vous mon étonnement quand je vis tomber, à deux toises à peine de mon bateau, un petit chariot doré, suspendu à un énorme ballon, plus grand que la plus grosse coupole. Dans le chariot se trouvait un homme avec une moitié de mouton rôti. Revenu de ma première surprise, je formai avec mes gens un cercle autour de ce singulier groupe.

L'homme, qui me sembla un Français et qui l'était en effet, portai à la poche de son gilet un couple de belles montres avec des breloques, sur lesquelles étaient peints des portraits de grands seigneurs et de grandes dames. À chacune de ses boutonnières était fixée une médaille d'or d'au moins cent ducats, et à chacun de ses doigts brillait une bague précieuse garnie de diamants. Les sacs d'or dont regorgeaient ses poches faisaient traîner jusqu'à terre les basques de son habit.

« Mon Dieu ! pensai-je, cet homme doit avoir rendu des services extraordinaires à l'humanité pour que, par la ladrerie qui court, les grands personnages l'aient accablé de tant de cadeaux. »

La rapidité de la chute l'avait tellement étourdi, qu'il fut quelque temps avant de pouvoir parler. Il finit cependant par se remettre et raconta ce qui suit :

« Je n'ai pas eu, il est vrai, assez de tête, ni assez de science pour imaginer cette façon de voyager ; mais j'ai eu le premier l'idée de m'en servir pour humilier les danseurs de corde et sauteurs ordinaires, et m'élever plus haut qu'eux. Il y a sept ou huit jours – je ne sais au juste, car j'ai perdu la notion du temps -, je fis une ascension à la pointe de Cornouailles, en Angleterre, emportant un mouton, afin de le lancer de haut en bas pour divertir les spectateurs. Malheureusement le vent tourna dix minutes environ après mon départ, et, au lieu de me mener du côté d'Exeter, où je comptais descendre, il me poussa vers la mer, au-dessus de laquelle j'ai flotté longtemps à une hauteur incommensurable.

« Je m'applaudis alors de ne pas avoir fait mon tour avec mon mouton ; car, le troisième jour, la faim m'obligea à tuer la pauvre bête. Comme j'avais dépassé depuis longtemps la lune, et qu'au bout de soixante-dix heures j'étais arrivé si près du soleil que les sourcils m'en avaient brûlé, je plaçai le mouton, préalablement écorché, du côté où le soleil donnait avec plus de force, si bien qu'en trois quarts d'heure il fut convenablement rôti : c'est de cela que j'ai vécu pendant tout mon voyage. »

« La cause de ma longue course doit être attribuée à la rupture d'une corde qui communiquait à une soupape placée à la partie inférieure de mon ballon et destinée à laisser échapper l'air inflammable. Si vous n'aviez pas tiré sur mon ballon et ne l'aviez pas crevé, j'aurais pu rester, comme Mahomet, suspendu entre ciel et terre jusqu'au jugement dernier. »

Il fit généreusement cadeau de son chariot à mon pilote qui était au gouvernail, et jeta à la mer le reste de son mouton. Quant au ballon, déjà endommagé par mes balles, la chute avait achevé de le mettre en pièces.

# CHAPITRE X

## Cinquième aventure de mer.

Puisque nous avons le temps, messieurs, de vider encore une bouteille de vin frais, je vais vous raconter une histoire fort singulière qui m'arriva peu de mois avant mon retour en Europe.

Le Grand Seigneur, auquel j'avais été présenté par les ambassadeurs de LL. MM. Les empereurs de Russie et d'Autriche, ainsi que par celui du roi de France, m'envoya au Caire pour une mission de la plus haute importance et qui devait être accomplie de manière à rester éternellement secrète.

Je me mis en route en grande pompe et accompagné d'une nombreuse suite. En chemin, j'eus l'occasion d'augmenter ma domesticité de quelques sujets forts intéressants : me trouvant à quelques milles à peine de Constantinople, j'aperçus un homme grêle et maigre qui courait en droite ligne à travers les champs, avec une extrême rapidité, quoiqu'il portât attachée à chaque pied une masse de plomb pesant au moins cinquante livres. Saisi d'étonnement, je l'appelai et lui dis :

« Où vas-tu si vite, mon ami, et pourquoi t'alourdir d'un tel poids ?

— J'ai quitté Vienne il y a une demi-heure, me répondit-il ; j'y étais domestique chez un grand seigneur qui vient de me donner mon congé. N'ayant plus besoin de ma célérité, je l'ai modérée au moyen de ces poids ; car la modération fait la durée, comme avait coutume de le dire mon précepteur. »

Ce garçon me plaisait assez. Je lui demandai s'il voulait entrer à mon service, et il accepta aussitôt. Nous nous remîmes en route, et traversâmes beaucoup de villes, parcourûmes beaucoup de pays.

En chemin, j'avisai, non loin de la route, un individu étendu immobile sur une pelouse : on eût dit qu'il dormait. Il n'en était rien cependant, car il tenait son oreille collée contre terre, comme s'il eût voulu écouter parler les habitants du monde souterrain.

« Qu'écoutes-tu donc ainsi, mon ami ? lui criai-je.

— J'écoute pousser l'herbe, pour passer le temps, répliqua-t-il.

— Et tu l'entends pousser ?

— Oh ! bagatelle que cela.

— Entre donc à mon service, mon ami ; qui sait s'il ne fait pas bon parfois avoir l'oreille fine ? »

Mon drôle se releva et me suivit.

Non loin de là, je vis sur une colline un chasseur qui ajustait son fusil et qui tirait dans le bleu du ciel.

« Bonne chance ! bonne chance, chasseur ! lui criai-je ; mais sur quoi tires-tu ? Je ne vois rien que le bleu du ciel.

— Oh ! répondit-il, j'essaye cette carabine qui me vient de chez Kuchenreicher, de Ratisbonne. Il y avait là-bas, sur la flèche de Strasbourg, un moineau que je viens d'abattre. »

Ceux qui connaissent ma passion pour les nobles plaisirs de la chasse ne s'étonneront pas si je leur dis que je sautai au cou de cet excellent tireur. Je n'épargnai rien pour le prendre à mon service : cela va de soi.

Nous poursuivîmes notre voyage et nous atteignîmes enfin le mont Liban. Là nous trouvâmes, devant une grande forêt de cèdres, un homme court et trapu, attelé à une corde qui enveloppait toute la forêt.

« Qu'est-ce que tu tires là, mon ami ? demandai-je à ce drôle.

— J'étais venu pour couper du bois de construction, et, comme j'ai oublié ma hache à la maison, je tâche de me tirer du mieux que je puis. »

En disant cela, il abattit d'un seul coup toute la forêt, qui mesurait bien un mille carré, comme si c'eût été un bouquet de roseaux. Vous devinez facilement ce que je fis. J'eusse sacrifié mon traitement d'ambassadeur, plutôt que de laisser échapper ce gaillard-là.

Au moment où nous mîmes le pied sur le territoire égyptien, il s'éleva un ouragan si formidable que j'eus un instant peur d'être renversé avec mes équipages, mes gens et mes chevaux, et d'être emporté dans les airs. À gauche de la route il y avait une file de sept moulins dont les ailes tournaient aussi vite que le rouet de la plus active fileuse. Non loin de là se trouvait un personnage d'une corpulence digne de John Falstaff, et qui tenait son index appuyé sur sa narine droite. Dès qu'il eut aperçu notre détresse et vu comme nous nous débarrions misérablement dans l'ouragan, il se tourna vers nous, et tira respectueusement son chapeau avec le geste d'un mousquetaire qui se découvre devant son colonel. Le vent était tombé comme par enchantement, et les sept moulins restaient immobiles. Fort surpris de cette circonstance qui ne me semblait pas naturelle, je criai à l'homme :

« Hé ! drôle ! qu'est-ce là ? As-tu le diable au corps, ou es-tu le diable en personne ?

— Pardonnez-moi, Excellence, répondit-il ; je fais un peu de vent pour mon maître le meunier ; de peur de faire tourner ses moulins trop fort, je m'étais bouché une narine. »

« Parbleu, me dis-je à moi-même, voilà un précieux sujet : ce gaillard-là te servira merveilleusement, lorsque, de retour chez toi, l'haleine te manquera pour raconter les aventures extraordinaires qui te seront arrivées dans tes voyages. »

Nous eûmes bientôt conclu notre marché. Le souffleur quitta ses moulins et me suivit.

Il était temps que nous arrivassions au Caire. Dès que j'y eus accompli ma mission selon mes désirs, je résolus de me défaire de ma suite, maintenant inutile, à l'exception de mes nouvelles acquisitions, et de m'en retourner seul avec ces derniers, en simple particulier. Comme le temps était magnifique et le Nil plus admirable qu'on ne peut le dire, j'eus la fantaisie de louer une barque et de remonter jusqu'à Alexandrie. Tout alla pour le mieux jusqu'au milieu du troisième jour.

Vous avez sans doute entendu parler, messieurs, des inondations annuelles du Nil. Le troisième jour, comme je viens de vous le dire, le Nil commença à monter avec une extrême rapidité, et le lendemain toute la campagne était inondée sur plusieurs milles de chaque côté. Le cinquième jour, après le coucher su soleil, ma barque s'embarrassa dans quelque chose que je pris pour des roseaux. Mais le lendemain matin, quand il fit jour, nous nous trouvâmes entourés d'amandiers chargés de fruits parfaitement mûrs et excellents à manger. La sonde nous indiqua soixante pieds au-dessus du fond : il n'y avait moyen ni de reculer, ni d'avancer. Vers huit ou neuf heures, autant que j'en pus juger d'après la hauteur du soleil, il survint une rafale qui coucha notre bateau sur le côté : il embarqua une masse d'eau et coula presque immédiatement.

Heureusement nous réussîmes à nous sauver tous – nous étions huit hommes et deux enfants –, en nous accrochant aux arbres dont les branches, assez fortes pour nous soutenir, ne l'étaient pas assez pour supporter notre barque. Nous restâmes trois jours dans cette position, vivant exclusivement d'amandes ;

je n'ai pas besoin de vous dire que nous avions en abondance de quoi apaiser notre soif. Vingt-trois jours après notre accident, l'eau commença à baisser avec autant de rapidité qu'elle avait monté, et le vingt-sixième jour nous pûmes mettre pied à terre. Le premier objet qui frappa nos yeux fut notre barque. Elle gisait environ à deux cents toises de l'endroit où elle avait coulé bas. Après avoir fait sécher au soleil nos affaires qui en avaient grand besoin, nous prîmes dans les provisions de la barque ce qui nous était nécessaire, et nous nous remîmes en marche pour retrouver notre route. D'après les calculs les plus exacts, je comptai que nous avions été entraînés dans les terres à plus de cinquante milles hors de notre chemin. Au bout de sept jours nous atteignîmes le fleuve qui était rentré dans son lit, et racontâmes notre aventure à un bey. Il pourvut à tous nos besoins avec une extrême courtoisie, et mit sa propre barque à notre disposition. Six journées de voyage nous amenèrent à Alexandrie, où nous nous embarquâmes pour Constantinople. Je fus reçu avec une distinction particulièrement gracieuse par le Grand Seigneur, et j'eus j'honneur de voir le harem où sa Hautesse me conduisit elle-même et me permit de choisir autant de dames que je voudrais, sans en excepter ses favorites. N'ayant pas coutume de me vanter de mes aventures galantes, je termine ici ma narration, en vous souhaitant à tous une bonne nuit.

# CHAPITRE XI

## Sixième aventure de mer.

Ayant terminé le récit de son voyage en Égypte, le baron se disposa à aller se coucher, juste au moment où l'attention légèrement fatiguée de son auditoire se réveillait à ce mot de *harem*. On aurait bien voulu avoir des détails sur cette partie de ses aventures, mais le baron fut inflexible ; cependant, pour satisfaire aux bruyantes insistances de ses amis, il consentit à leur raconter quelques traits de ses singuliers domestiques, et continua en ces termes :

Depuis mon retour d'Égypte, je faisais la pluie et le beau temps chez le Grand Seigneur. Sa Hautesse ne pouvait vivre sans moi, et me priai tous les jours à souper et à dîner chez lui. Je dois avouer, messieurs, que l'empereur des Turcs est de tous les potentats du monde celui qui fait la meilleure chère, quant au manger du moins ; car, pour ce qui est de la boisson, vous savez que Mahomet interdit le vin à ses fidèles. Il ne faut donc pas songer à boire un bon verre de ce liquide quand on dîne chez un Turc. Mais pour ne pas se pratiquer ouvertement, la chose n'en a pas moins lieu fréquemment en secret ; et en dépit du Coran, plus d'un Turc s'entend aussi bien qu'aucun prélat allemand à vider une bouteille. C'était le cas de Sa Hautesse.

À ces dîners auxquels assistait habituellement le surintendant général, c'est-à-dire le mufti *in partem salarii* qui disait le *bénédicité* et les *grâces* au commencement et à la fin du repas, il n'était point question de vin. Mais lorsqu'on se levait de table, un bon petit flacon attendait Sa Hautesse dans son cabinet. Un jour le Grand Seigneur me fit signe de l'y suivre. Lorsque nous nous y fûmes enfermés, il tira une bouteille d'une armoire et me dit :

« Münchhausen, je sais que vous autres chrétiens vous vous connaissez en bon vin. Voici une bouteille de tokay, la seule que je possède, et je suis sûr que de votre vie vous n'en avez goûté de meilleur. »

Sur quoi Sa Hautesse remplit son verre et le mien : nous trinquâmes, et nous bûmes.

« Hein ! reprit-il, que dites-vous de celui-là ? C'est du superfin, cela !

— Ce petit vin est bon, répondis-je. Mais, avec la permission de Votre Hautesse, je dois lui dire que j'en ai bu de bien meilleurs à Vienne, chez l'auguste empereur Charles VI. Mille tonnerres ! je voudrais que vous l'eussiez goûté !

— Cher Münchhausen, répliqua-t-il, je ne veux pas vous blesser ; mais je crois qu'il est impossible de trouver de meilleur tokay : je tiens cette unique bouteille d'un seigneur hongrois qui en faisait le plus grand cas.

— Plaisanteries que tout cela, monseigneur ! Il y a tokay et tokay ! Messieurs les Hongrois d'ailleurs ne brillent pas par la générosité. Combien pariez-vous que d'ici à une heure je vous procure une bouteille de tokay, tirée de la cave impériale de Vienne, et qui aura une tout autre figure que celle-ci ?

— Münchhausen, je crois que vous extravaguez.

— Je n'extravague point : dans une heure je vous apporte une bouteille de tokay prise dans la cave des empereurs d'Autriche, et d'un tout autre numéro que cette piquette-là.

— Münchhausen ! Münchhausen ! vous voulez vous moquer de moi, cela ne me plaît point. Je vous ai toujours connu pour un homme raisonnable et véridique, mais vraiment je suis tenté de croire que vous battez la campagne.

— Eh bien ! que Votre Hautesse accepte le pari. Si je ne remplis mon engagement — et vous savez que je suis ennemi juré des hâbleries —, Votre Hautesse sera libre de me faire couper la tête : et ma tête n'est pas une citrouille ! Voilà mon enjeu, quel est le vôtre ?

— Tope ! j'accepte, dit l'empereur. Si au coup de quatre heures la bouteille n'est pas là, je vous ferai couper la tête sans miséricorde : car je n'ai pas l'habitude de me laisser jouer, même par mes meilleurs amis. Par contre, si vous accomplissez votre promesse, vous pourrez prendre dans mon trésor autant d'or, d'argent, de perles et de pierres précieuses que l'homme le plus fort en pourra porter.

— Voilà qui est parler », répondis-je.

Je demandai une plume et de l'encre, et j'écrivis à l'impératrice-reine Marie-Thérèse le billet suivant :

« Votre Majesté a sans doute, en sa qualité d'héritière universelle de l'empire, hérité de la cave de son illustre père. Oserai-je la supplier de remettre au porteur une bouteille de ce tokay dont j'ai bu si souvent avec feu son père ? Mais du meilleur, car il s'agit d'un pari ! Je saisis cette occasion pour assurer Votre Majesté du profond respect avec lequel j'ai l'honneur d'être, etc., etc. »

« BARON DE MÜNCHHAUSEN. »

Comme il était déjà trois heures et cinq minutes, je remis ce billet sans le cacheter à mon coureur, qui détacha ses poids et se mit immédiatement en route pour Vienne.

Cela fait, nous bûmes, le Grand Seigneur et moi, le reste de la bouteille, en attendant celle de Marie-Thérèse. Trois heures un quart sonnèrent, trois heures et demie, quatre heures moins un quart, et le coureur ne revenait pas. J'avoue que je commençais à être assez mal à mon aise, d'autant plus que je voyais Sa Hautesse diriger de temps en temps les yeux sur le cordon de la sonnette, pour appeler le bourreau. Il m'accorda cependant la permission de descendre dans le jardin pour prendre un peu l'air, escorté toutefois de deux muets qui ne me perdaient pas de vue. L'aiguille marquait la cinquante-cinquième minute après trois heures : j'étais dans une angoisse mortelle – c'était le cas de le dire. J'envoyai chercher immédiatement mon écouteur et mon tireur. Ils arrivèrent aussitôt ; mon écouteur se coucha à terre pour entendre si mon coureur ne venait pas : à mon grand désespoir, il m'annonça que le drôle se trouvait fort loin de là profondément endormi et ronflant de tous ses poumons. À peine mon brave tireur eut-il appris cela, qu'il courut sur une terrasse élevée, et, se dressant sur ses pointes pour mieux voir, s'écria : « Sur mon âme ! je le vois, le paresseux : il est couché au pied d'un chêne, aux environs de Belgrade, avec la bouteille à côté de lui. Attendez, je vais le chatouiller un peu. » En même temps il ajusta sa carabine, et envoya la charge en plein dans le feuillage de l'arbre. Une grêle de glands, de branches et de feuilles s'abattit sur le dormeur ; craignant d'avoir reposé trop longtemps, il reprit sa course avec une telle rapidité qu'il arriva au cabinet de sultan avec la bouteille de tokay et un billet autographe de Marie-Thérèse, à trois heures cinquante-neuf minutes et demi.

Saisissant aussitôt la bouteille, le noble gourmet se mit à la déguster avec une indicible volupté.

« Münchhausen, me dit-il, vous ne trouverez point mauvais que je garde ce flacon pour moi tout seul. Vous avez à Vienne plus de crédit que moi, et vous êtes plus à même d'en obtenir un second. »

Là-dessus, il enferma la bouteille dans son armoire, mit la clef dans la poche de son pantalon, et sonna son trésorier. Quel ravissant tintement !

« Il faut maintenant que je paye ma gageure, reprit-il. Écoute, dit-il au trésorier, tu laisseras mon ami Münchhausen prendre dans mon trésor autant d'or, de perles et de pierres précieuses que l'homme le plus fort en pourra porter ? Va ! »

Le trésorier s'inclina le nez jusqu'à terre devant son maître, qui me serra cordialement la main et nous congédia tous deux.

Vous pensez bien que je ne tardai pas une seconde à faire exécuter l'ordre que le sultan avait donné en ma faveur ; j'envoyai chercher mon homme fort qui apporta sa grosse corde de chanvre, et me rendis au trésor. Je vous assure que lorsque j'en sortis avec mon serviteur, il n'y restait plus grand-chose. Je courus incontinent avec mon butin au port, où j'affrétai le plus grand bâtiment que je pus trouver, et je fis lever l'ancre afin de mettre mon trésor en sûreté avant qu'il ne me survînt quelque désagrément.

Ce que je craignais ne manqua pas d'arriver. Le trésorier, laissant ouverte la porte du trésor — il était assez superflu de la refermer —, s'était rendu en toute hâte chez le Grand Seigneur, et lui avait annoncé de quelle façon j'avais profité de sa libéralité. Sa Hautesse en était restée tout abasourdie, et s'était prise à se repentir de sa précipitation. Elle avait ordonné au grand amiral de me poursuivre avec toute sa flotte, et de me faire comprendre qu'elle n'avait point entendu la gageure de cette façon. Je n'avais que deux milles d'avance, et lorsque je vis la flotte de guerre turque courir sur moi toutes voiles dehors, j'avoue que ma tête, qui commençait à se raffermir sur mes épaules, se remit à branler plus fort que jamais. Mais mon souffleur était là.

« Que Votre Excellence soit sans inquiétude », me dit-il.

Il se posta à l'arrière du bâtiment, de façon à avoir une de ses narines dirigée sur la flotte turque et l'autre sur nos voiles ; puis il se mit à souffler avec une telle violence que la flotte fut refoulée dans le port avec bris de mâts, de cordages et d'agrès, et qu'en même temps mon navire atteignit en quelques heures les côtes d'Italie.

Je ne tirai cependant pas grand profit de mon trésor. Car, malgré les affirmations contraires de M. le bibliothécaire Jagemann de Weimar, la mendicité est si grande en Italie et la police si mal faite, que je dus distribuer en aumônes la plus grande partie de mon bien. Le reste me fut pris par des voleurs de grand chemin, aux environs de Rome, sur le territoire de Lorette. Ces drôles ne se firent aucun scrupule de me dépouiller ainsi, car la millième partie de ce qu'ils me volèrent eût suffi à acheter à Rome une indulgence plénière pour toute la compagnie et ses descendants et arrière-descendants.

Mais voici, messieurs, l'heure où j'ai l'habitude de m'aller coucher. Ainsi donc, bonne nuit !

# CHAPITRE XII

## Septième aventure de mer.
## Récits authentiques d'un partisan qui prit la parole en l'absence du baron.

Après avoir racontée l'aventure qui précède, le baron se retira, laissant la société en belle humeur ; en sortant, il promit de donner à la première occasion les aventures de son père, jointes à d'autres anecdotes des plus merveilleuses.

Comme chacun disait son mot sur les récits du baron, une des personnes de la société, qui l'avait accompagné dans son voyage en Turquie, rapporta qu'il existait non loin de Constantinople une pièce de canon énorme, dont le baron Tott a fait mention dans ses *Mémoires*. Voici à peu près, autant que je m'en souviens, ce qu'il en dit :

« Les Turcs avaient posé sur la citadelle, non loin de la ville, au bord du célèbre fleuve le Simoïs, un formidable canon. Il était coulé en bronze, et lançait des boulets de marbre d'au moins onze cents livres. J'avais grand désir de tirer ce canon, dit le baron Tott, pour juger de son effet. Toute l'armée tremblait à la pensée de cet acte audacieux, car on tenait pour certain que la commotion ferait crouler la citadelle et la ville entière. J'obtins cependant la permission que je demandais. Il ne fallut pas moins de trois cent trente livres de poudre pour charger la pièce ; le boulet que j'y mis pesait, comme je l'ai dit plus haut, onze cents livres. Au moment où le canonnier approcha la mèche, les curieux qui m'entouraient se reculèrent à une distance respectueuse. J'eus toutes les peines du monde à persuader au pacha, qui assistait à l'expérience, qu'il n'y avait rien à redouter. Le canonnier lui-même, qui devait sur mon signal mettre le feu à la pièce, était extrêmement ému. Je me postai derrière la place, dans un réduit ; je donnai le signal, et au même instant je ressentis une secousse pareille à celle que produirait un tremblement de terre. À environ trois cents toises le boulet éclata en trois morceaux qui volèrent par-dessus le détroit, refoulèrent les eaux sur la rive, et couvrirent d'écume le canal, tout large qu'il était. »

Tels sont, messieurs, si ma mémoire me sert bien, les détails que donne le baron Tott sur le plus grand canon qu'il y ait eu au monde. Lorsque je visitai ce pays avec le baron de Münchhausen, l'histoire du baron Tott était encore citée comme un exemple de courage et de sang-froid.

Mon protecteur, qui ne pouvait supporter qu'un Français fît plus et mieux que lui, prit le canon sur son épaule et, après l'avoir placé bien en équilibre, sauta droit dans la mer, et nagea jusqu'à l'autre bord du canal. Malheureusement il eut la fâcheuse idée de lancer le canon dans la citadelle et de le renvoyer à première place : je dis malheureusement, parce qu'il lui glissa de la main au moment où il le balançait pour le jeter : de sorte que la pièce tomba dans le canal, où elle repose encore et où elle reposera probablement jusqu'au jour du Jugement dernier.

Ce fut cette affaire, messieurs, qui brouilla complètement le baron avec le Grand Seigneur. L'histoire du trésor était depuis longtemps oubliée, car le sultan possédait assez de revenus pour remplir à nouveau sa caisse, et c'était sur une invitation directe de Grand Seigneur que le baron se trouvait en ce moment en Turquie. Il y serait probablement encore si la perte de cette célèbre pièce de canon n'avait mécontenté le souverain à ce point qu'il donna l'ordre irrévocable de trancher la tête du baron.

Mais une certaine sultane, qui avait pris mon maître en grande amitié, l'avertit de cette sanguinaire résolution : bien plus, elle le tint caché dans sa chambre, tandis que l'officier chargé de l'exécution le cherchait de tous côtés. La nuit suivante, nous nous enfuîmes à bord d'un bâtiment qui mettait à la voile pour Venise, et nous échappâmes heureusement à cet affreux danger.

Le baron n'aime pas à parler de cette histoire, parce que cette fois il ne réussit pas à exécuter ce qu'il avait entrepris, et aussi parce qu'il faillit y laisser sa peau. Cependant, comme elle n'est nullement de nature à blesser son honneur, j'ai coutume de la raconter quand il a le dos tourné.

Maintenant, messieurs, vous connaissez à fond le baron de Münchhausen, et j'espère que vous n'avez plus aucun doute à élever à l'endroit de sa véracité ; mais afin que vous ne puissiez point non plus soupçonner la mienne, il faut que je vous dise en peu de mots qui je suis.

Mon père était originaire de Berne en Suisse. Il y exerçait l'emploi d'inspecteur des rues, allées, ruelles et ponts ; ces sortes de fonctionnaires portent dans cette ville le titre, le titre ... hum ! ... le titre de balayeurs. Ma mère, native des montagnes de la Savoie, portait au cou un goitre d'une grosseur et d'une beauté remarquables, ce qui n'est pas rare chez les dames de ce pays. Elle abandonna fort jeune ses parents, et sa bonne étoile l'amena dans la ville où mon père avait reçu le jour. Elle vagabonda quelque peu : mon père ayant parfois le défaut analogue, ils se rencontrèrent un jour dans la maison de détention. Ils devinrent amoureux l'un de l'autre et se marièrent. Cette union ne fut pas heureuse ; mon père ne tarda pas à quitter ma mère en lui assignant pour toute pension alimentaire le revenu d'une hotte de chiffonnier qu'il lui mit sur le dos. La brave femme s'attacha à une troupe ambulante qui montrait des marionnettes ; la fortune finit par la conduire à Rome, où elle établit un commerce d'huîtres.

Vous avez sans doute entendu parler du pape Ganganelli, connu sous le nom de Clément XIV, et vous savez combien il aimait les huîtres. Un vendredi qu'il allait en grande pompe dire la messe à l'église de Saint-Pierre, il aperçut les huîtres de ma mère – elles étaient remarquablement belles et extrêmement fraîches, m'a-t-elle dit souvent – et ne put faire autrement que de s'arrêter pour en goûter ; il fit faire halte aux cinq cents personnes qui le suivaient, et envoya dire à l'église qu'il ne pourrait pas célébrer la messe ce matin-là. Il descendit de cheval – car les papes vont à cheval dans les grandes occasions –, entra dans la boutique de ma mère, et avala toutes les huîtres qui s'y trouvaient ; mais comme il y en avait encore à la cave, il appela sa suite qui épuisa complètement la provision : le pape et ses gens restèrent jusqu'au soir, et avant de partir ils l'accablèrent d'indulgences non seulement pour ses fautes passées et présentes, mais encore pour tous ses péchés à venir.

Maintenant, messieurs, vous me permettrez de ne pas vous expliquer plus clairement ce que j'ai de commun avec cette histoire d'huîtres : je pense que vous m'avez suffisamment compris pour être fixé sur ma naissance.

# CHAPITRE XIII

## Le baron reprend son récit.

Comme on peut bien le penser, les amis du baron ne cessaient de le supplier de continuer le récit aussi instructif qu'intéressant de ses singulières aventures ; mais ces prières restèrent longtemps inutiles. Le baron avait la louable habitude de ne rien faire qu'à sa fantaisie, et l'habitude plus louable encore de ne se détourner sous aucun prétexte de ce principe bien arrêté. Enfin le soir tant désiré arriva, et un gros rire du baron annonça à ses amis que l'inspiration était venue et qu'il allait satisfaire à leurs instances :

« *Conticuere omnes, intentique ora tenebant* » ;

ou, pour parler plus clairement, tout le monde se tut et tendit une oreille attentive. Semblable à Énée, Münchhausen, se soulevant sur le sofa bien rembourré, commença ainsi :

Pendant le dernier siège de Gibraltar, je m'embarquai sur une flotte commandée par Lord Rodney et destinée à ravitailler cette forteresse ; je voulais rendre visite à mon vieil ami, le général Elliot, qui gagna à la défense de cette place des lauriers que le temps ne pourra flétrir. Après avoir donné quelques instants aux premiers épanchements de l'amitié, je parcourus la forteresse avec le général, afin de reconnaître les travaux et les dispositions de l'ennemi. J'avais apporté de Londres un excellent télescope à miroir, acheté chez Dollon. Grâce à cet instrument, je découvris que l'ennemi pointait sur le bastion où nous nous trouvions une pièce de trente-six. Je le dis au général, qui vérifia le fait et vit que je ne me trompais pas.

Avec sa permission, je me fis apporter une pièce de quarante-huit prises à la batterie voisine, et je la pointai si juste – car pour ce qui est de l'artillerie, je puis dire sans me vanter que je n'ai pas encore trouvé mon maître –, que j'étais sûr d'atteindre mon but.

J'observai alors avec la plus grande attention les mouvements des canonniers ennemis, et, au moment où ils approchaient la mèche de la lumière, je donnai aux nôtres le signal de faire feu : les deux boulets parvenus à moitié de leur trajet se rencontrèrent et se heurtèrent avec une violence terrible qui produisit un effet des plus surprenants. Le boulet ennemi retourna si vivement sur ses pas, que non seulement il broya la tête du canonnier qui l'avait envoyé, mais qu'encore il décapita seize autres soldats qui s'enfuyaient vers la côte d'Afrique. Avant d'atteindre le pays de Barbarie, il coupa le grand mât de trois vaisseaux qui se trouvaient dans le port rangés en ligne les uns derrière les autres, pénétra à deux cents milles anglais dans l'intérieur des terres, effondra le toit d'une hutte de paysan, et, après avoir enlevé à une pauvre vieille qui y dormait sur le dos la seule dent qui lui restait, s'arrêta enfin dans son gosier. Son mari, rentrant quelques instants après, essaya de retirer le boulet : n'y pouvant réussir, il eut l'heureuse idée de l'enfoncer avec un maillet dans l'estomac de sa femme, d'où il sortit quelque temps après par la méthode naturelle.

Ce ne fut pas là le seul service que nous rendit notre boulet : il ne se contenta pas de refouler de la façon que je viens de raconter celui de l'ennemi ; mais, continuant son chemin, il enleva de son affût la pièce pointée contre nous et la lança avec une telle violence dans la coque d'un bâtiment, que ce dernier prit une voie d'eau énorme et sombra peu à peu avec un millier de matelots et un grand nombre de soldats de marine qui s'y trouvaient.

Ce fut sans contredit un fait extraordinaire. Je ne veux cependant pas me l'attribuer à moi seul : il est vrai que l'honneur de l'idée première en revient à ma sagacité, mais le hasard me seconda dans une certaine proportion. Ainsi je m'aperçus, la chose faite, que notre pièce de quarante-huit avait reçu double charge de poudre ; de là l'effet merveilleux produit sur le boulet ennemi, et la portée extrême de notre projectile.

Le général Elliot, pour me récompenser de ce service signalé, m'offrit un brevet d'officier que je refusai, me contentant des remerciements qu'il me fit le soir même à dîner, en présence de tout son état-major.

Comme je suis fort porté pour les Anglais, qui sont un peuple vraiment brave, je me mis dans la tête de ne pas quitter cette forteresse sans avoir rendu un nouveau service à ceux qui la défendaient ; trois semaines après l'affaire du canon de quarante-huit, il se présenta enfin une bonne occasion.

Je me déguisai en prêtre catholique, sortis de la forteresse vers une heure du matin, et réussis à pénétrer dans le camp de l'ennemi à travers ses lignes. Je me rendis à la tente où le comte d'Artois avait réuni les chefs de corps et un grand nombre d'officiers pour leur communiquer le plan d'attaque de la forteresse, à laquelle il voulait donner l'assaut le lendemain. Mon déguisement me protégea si bien, que personne ne pensa à me repousser et que je pus écouter tranquillement tout ce qui se dit. Le conseil fini, ils allèrent se coucher, et je vis bientôt l'armée entière, tout le camp, jusqu'aux sentinelles, plongé dans le plus profond sommeil. Je me mis aussitôt à l'œuvre : je démontai tous leurs canons au nombre de plus de trois cents, depuis les pièces de quarante-huit jusqu'à celles de vingt-quatre, et je les jetai à la mer, où ils tombèrent à environ trois milles de là : comme je n'avais personne pour m'aider, je puis dire que c'est le travail le plus pénible que j'aie jamais accompli, à l'exception d'un seul cependant qu'on vous a fait connaître en mon absence : je veux parler de l'énorme canon turc décrit par le baron Tott et avec lequel je traversai le canal à la nage.

Cette opération terminée, je transportai tous les affûts et tous les caissons au milieu du camp, et, de peur que le roulement des roues ne réveillât les gens, je les pris deux à deux sous les bras. Cela faisait un beau tas, aussi élevé pour le moins que les rochers de Gibraltar. Je saisis alors un fragment d'une pièce de fer de quarante-huit, et me procurai du feu en le frappant contre un pan de mur, reste d'une construction mauresque, et qui était enterré de vingt pieds au moins : j'allumai une mèche et mis le feu au tas. J'oubliais de vous dire que j'avais jeté sur le sommet toutes les munitions de guerre.

Comme j'avais soin de placer dans le bas les matières les plus combustibles, la flamme s'élança bientôt haute et éclatante. Pour écarter de moi tout soupçon, je fus le premier à donner l'alarme. Comme vous pouvez le penser, le camp se trouva saisi d'épouvante ; on supposa, pour expliquer ce désastre, que les gens de la forteresse avaient fait une sortie, tué les sentinelles, et étaient parvenus à détruire l'artillerie.

M. Drinkwater, dans la relation qu'il a faite de ce siège célèbre, parle bien d'une grande perte éprouvée par l'ennemi à la suite d'un incendie, mais il n'a pas su à quoi en attribuer la cause : cela, du reste, ne lui était guère possible, car – bien que j'aie, à moi tout seul, dans cette nuit, sauvé Gibraltar – je n'ai mis personne dans ma confidence, pas même le général Elliot. Le comte d'Artois, pris d'une panique, s'enfuit avec tous ses gens, et, sans s'arrêter en route, arriva d'une traite à Paris. La terreur que leur avait inspirée ce désastre fut telle, qu'ils ne purent manger de trois mois, et vécurent simplement de l'air du temps, à la façon des caméléons.

Environ deux mois après que j'eus rendu cet éclatant service aux assiégés, je me trouvais à déjeuner avec le général Elliot, quand tout à coup une bombe – je n'avais pas eu le temps d'envoyer les mortiers de l'ennemi rejoindre ses canons – pénétra dans la chambre et tomba sur la table. Le général fit ce qu'aurait fait tout le monde en pareil cas, il sortit immédiatement de la salle. Moi, je saisis la bombe avant qu'elle n'éclatât, et la portai au sommet du rocher. De cet observatoire j'aperçus sur une falaise, non loin du camp ennemi, un grand rassemblement de gens ; mais je ne pouvais distinguer à l'œil nu ce qu'ils faisaient. Je pris mon télescope, et je reconnus que c'était l'ennemi qui, ayant arrêté deux des nôtres, un général et un colonel avec lesquels j'avais dîné la veille, et qui s'étaient introduits le soir dans le camp des assiégeants, s'apprêtait à les pendre en qualité d'espions.

La distance était trop grande pour qu'il fût possible de lancer avec succès la bombe à la main. Heureusement je me souvins que j'avais dans ma poche la fronde dont David se servit si avantageusement contre Goliath. J'y plaçai ma bombe et la projetai au milieu du rassemblement. En touchant terre, elle éclata, et tua tous les assistants, à l'exception des deux officiers anglais, qui, pour leur bonheur, étaient déjà pendus : un éclat sauta contre le pied de la potence et la fit tomber.

Nos deux amis, dès qu'ils se sentirent sur la terre ferme, cherchèrent à s'expliquer ce singulier événement ; et voyant les gardes, les bourreaux et toute l'assistance occupés à mourir, ils se débarrassèrent réciproquement de l'incommode cravate qui leur serrait le col, coururent au rivage, sautèrent dans une barque espagnole, et se firent conduire à nos vaisseaux par les deux bateliers qui s'y trouvaient.

Quelques minutes après, comme j'étais en train de raconter le fait au général Elliot, ils arrivèrent, et, après un cordial échange de remerciements et d'explications, nous célébrâmes cette journée mémorable le plus gaiement du monde.

Vous désirez tous, messieurs, je le lis dans vos yeux, savoir comment je possède un trésor aussi précieux que la fronde dont je viens de vous parler. Eh bien ! je vais vous le dire. Je descends, vous ne l'ignorez sans doute pas, de la femme d'Urie, qui eut, comme vous savez, des relations très intimes avec David. Mais avec le temps – cela se voit souvent – Sa Majesté se refroidit singulièrement à l'endroit de la comtesse, car elle avait reçu ce titre trois mois après la mort de son mari. Un jour ils se prirent de querelle au sujet d'une question de la plus haute importance, qui était de savoir dans quelle contrée fut construite l'Arche de Noé et à quel endroit elle s'était arrêtée après le Déluge. Mon aïeul avait la prétention de passer pour un grand antiquaire, et la comtesse était présidente d'une société historique : lui, avait cette faiblesse commune à la plupart des grands et à tous les petits, de ne pas souffrir la contradiction, et elle, ce défaut, spécial à son sexe, de vouloir avoir raison en toute chose ; bref, une séparation s'ensuivit.

Elle l'avait souvent entendu parler de cette fronde comme d'un objet des plus précieux, et trouva bon de l'emporter, sous prétexte de garder un souvenir de lui. Mais, avant que mon aïeule eût franchi la frontière, on s'aperçut de la disparition de la fronde, et on lança six hommes de la garde du roi pour la reprendre. La comtesse poursuivie se servit si bien de cet objet qu'elle atteignit un de ces soldats qui, plus zélé que les autres, s'était avancé en tête de ses compagnons, précisément à la place où Goliath avait été frappé par David. Les gardes, voyant leur camarade tomber mort, délibérèrent mûrement et pensèrent que ce qu'il y avait de mieux à faire, c'était d'en référer au roi : la comtesse, de son côté, jugea prudent de continuer son voyage vers l'Égypte, où elle comptait de nombreux amis à la cour.

J'aurais dû vous dire d'abord que de plusieurs enfants qu'elle avait eus de Sa Majesté, elle avait emmené dans son exil un fils, son fils bien-aimé. La fertilité de l'Égypte ayant donné à ce fils plusieurs frères et sœurs, la comtesse lui laissa par un article particulier de son testament la fameuse fronde ; et c'est de lui qu'elle m'est venue en ligne directe.

Mon arrière-arrière-grand-père, qui possédait cette fronde, et qui vivait il y a environ deux cent cinquante ans, fit, dans un voyage en Angleterre, la connaissance d'un poète qui n'était rien moins que plagiaire, et n'en était que d'autant plus incorrigible braconnier ; il s'appelait Shakespeare. Ce poète, sur les terres duquel, par droit de réciprocité sans doute, les Anglais et les Allemands braconnent aujourd'hui impudemment, emprunta maintes fois cette fronde à mon père et tua, au moyen de cette arme, tant de gibier à Sir Thomas Lucy, qu'il faillit encourir le sort de mes deux amis de Gibraltar. Le pauvre homme fut jeté en prison, et mon aïeul lui fit rendre la liberté par un procédé tout particulier.

La reine Elisabeth, qui régnait alors, était devenue vers la fin de sa vie à charge à elle-même. S'habiller, se déshabiller, manger, boire, accomplir enfin maintes autres fonctions que je n'énumérai point, lui rendaient la vie insupportable. Mon aïeul la mit en état de faire tout cela selon son caprice, par elle-même ou par procuration. Et que pensez-vous que demanda mon père en récompense de ce signalé service, – la liberté de Shakespeare. La reine ne put lui rien faire accepter de plus. Cet excellent homme avait pris le poète en telle affection, qu'il eût volontiers donné une partie de sa vie pour prolonger celle de son ami.

Du reste, je puis vous assurer, messieurs, que la méthode pratiquée par la reine Elisabeth, de vivre sans nourriture, n'obtint aucun succès auprès de ses sujets, au moins auprès de ces gourmands affamés auxquels on a donné le nom de *mangeurs de bœuf*. Elle-même n'y résista pas plus de sept ans et demi, au bout desquels elle mourut d'inanition.

Mon père duquel j'héritai la fronde peu de temps avant mon départ pour Gibraltar, me raconta l'anecdote suivante, que ses amis lui ont souvent entendu rapporter, et dont personne de ceux qui ont connu le digne vieillard ne révoquera la véracité.

« Dans l'un des nombreux séjours que je fis en Angleterre, me disait-il, je me promenais une fois sur le bord de la mer non loin de Harwick. Tout d'un coup voilà un cheval marin qui s'élance furieux contre moi. Je n'avais pour toute arme que ma fronde, avec laquelle je lui envoyai deux galets si adroitement lancés que je lui crevai les deux yeux. Je lui sautai alors sur le dos et le dirigeai vers la mer : car, en perdant les yeux, il avait perdu toute sa férocité, et se laissait mener comme un mouton. Je lui passai ma fronde dans la bouche en guise de bride, et le poussai au large.

« En moins de trois heures nous eûmes atteint le rivage opposé : nous avions fait trente milles dans ce court espace de temps. À Helvoetsluys je vendis ma monture moyennant sept cents ducats a l'hôte des *trois Coupes*, qui montra cette bête extraordinaire pour de l'argent et s'en fit un joli revenu — on peut en voir la description dans Buffon. Mais si singulière que fût cette façon de voyager, ajoutait mon père, les observations et les découvertes qu'elle me permit de faire sont encore plus extraordinaires.

« L'animal sur le dos duquel j'étais assis ne nageait pas : il courait avec une incroyable rapidité sur le fond de la mer, chassant devant lui des millions de poissons tout différents de ceux qu'on a l'habitude de voir : quelques-uns avaient la tête au milieu du corps ; d'autres au bout de la queue ; d'autres étaient rangés en cercle et chantaient des chœurs d'une beauté inexprimable ; d'autres construisaient avec l'eau des édifices transparents, entourés de colonnes gigantesques dans lesquelles ondulait une matière fluide et éclatante comme la flamme la plus pure. Les chambres de ces édifices offraient toutes les commodités désirables aux poissons de distinction : quelques-unes étaient aménagées pour la conservation du frais ; une suite de salles spacieuses était consacrée à l'éducation des jeunes poissons. La méthode d'enseignement — autant que j'en pus juger par mes yeux, car les paroles étaient aussi inintelligibles pour moi que le chant des oiseaux ou le dialogue des grillons –, cette méthode me semble présenter tant de rapport avec celle employée de notre temps dans les établissements philanthropiques, que je suis persuadé qu'un de ces théoriciens a fait un voyage analogue au mien, et pêché ses idées dans l'eau ; plutôt que de les avoir attrapées dans l'air. Du reste, de ce que je viens de vous dire vous pouvez conclure qu'il reste encore au monde un vaste champ ouvert à l'exploitation et à l'observation. Mais je reprends mon récit.

« Entre autres incidents de voyage, je passai sur une immense chaîne de montagnes, aussi élevée, pour le moins, que les Alpes. Une foule de grands arbres d'essences variées s'accrochaient aux flancs des rochers.

« Sur ces arbres poussaient des homards, des écrevisses, des huîtres, des moules, des colimaçons de mer, dont quelques-uns si monstrueux qu'un seul eût suffi à la charge d'un chariot, et le plus petit écrasé un portefaix. Toutes les pièces de cette espèce qui échouent sur nos rivages et qu'on vend dans nos marchés ne sont que de la misère, que l'eau enlève des branches tout comme le vent fait tomber des arbres le menu fruit. Les arbres à homards me parurent les mieux fournis : mais ceux à écrevisses et à huîtres étaient les plus gros. Les petits colimaçons de mer poussent sur des espèces de buissons qui se trouvent presque toujours au pied des arbres à écrevisses, et les enveloppent comme fait le lierre sur le chêne.

« Je remarquai aussi le singulier phénomène produit par un navire naufragé. Il avait, à ce qu'il me sembla, donné contre un rocher, dont la pointe était à peine à trois toises au-dessous de l'eau, et en coulant bas s'était couché sur le côté. Il était descendu sur un arbre à homards et en avait détaché quelques fruits, lesquels étaient tombés sur un arbre à écrevisses placé plus bas. Comme la chose se passait au printemps et que les homards étaient tout jeunes, ils s'unirent aux écrevisses ; il en résulta un fruit qui tenait des deux espèces à la fois. Je voulus, pour la rareté du fait, en cueillir un sujet ; mais ce poids m'aurait fort embarrassé, et puis mon pégase ne voulait pas s'arrêter.

« J'étais à peu près à moitié route, et me trouvais dans une vallée située à cinq cents toises au moins au-dessous de la surface de la mer : je commençais à souffrir du manque d'air. Au surplus, ma position était loin d'être agréable sous bien d'autres rapports. Je rencontrais de temps en temps de gros poissons qui, autant que j'en pouvais juger par l'ouverture de leurs gueules, ne paraissaient pas éloignés de vouloir nous avaler tous deux. Ma pauvre Rossinante était aveugle, et je ne dus qu'à ma prudence d'échapper aux intentions hostiles de ces messieurs affamés. Je continuai donc à galoper, dans le but de me mettre le plus tôt possible à sec.

« Parvenu assez près des rives de la Hollande, et n'ayant plus guère qu'une vingtaine de toises d'eau sur la tête, je crus apercevoir, étendue sur le sable, une forme humaine, qu'à ses vêtements je reconnus être un corps de femme. Il me sembla qu'elle donnait encore quelques signes de vie, et, m'étant approché, je la vis, en effet, remuer la main. Je saisis cette main et ramenai sur le bord ce corps d'apparence cadavérique. Quoique l'art de réveiller les morts fût moins avancé à cette époque qu'aujourd'hui, où à chaque porte d'auberge on lit sur un écriteau : *Secours aux noyés*, les efforts et les soins d'un apothicaire de l'endroit parvinrent à raviver la petite étincelle vitale qui restait chez cette femme. Elle était la moitié chérie d'un homme qui commandait un bâtiment attaché au port de Helvoetsluys, et qui avait pris la mer depuis peu. Par malheur, dans la précipitation du départ, il avait embarqué une autre femme que la sienne. Celle-ci fut aussitôt instruite du fait par quelques-unes de ces vigilantes protectrices de la paix et du foyer domestique, qu'on nomme amies intimes ; jugeant que les droits conjugaux sont aussi sacrés et aussi valables sur mer que sur terre, elle s'élança dans la chaloupe à la poursuite de son époux ; arrivée à bord du navire, elle chercha, dans une courte mais intraduisible allocution, à faire triompher ses droits d'une façon si énergique que le mari jugea prudent de reculer de deux pas. Le résultat de ceci fut que sa main osseuse, au lieu de rencontrer les oreilles de son mari ne rencontra que l'eau, et comme cette surface céda avec plus de facilité que ne l'eût fait l'autre, la pauvre femme ne trouva qu'au fond de la mer la résistance qu'elle cherchait.

« Ce fut en ce moment que mon étoile me fit la rencontrer et me permit de rendre à la terre un couple heureux et fidèle.

« Je me représente aisément les bénédictions dont monsieur son mari dut me combler en retrouvant, à son retour, sa tendre épouse sauvée par moi. Au reste, pour mauvais que fût le tour que j'avais joué à ce pauvre diable, mon cœur en reste parfaitement innocent. J'avais agi par pure charité, sans me douter des affreuses conséquences que ma bonne action devait amener.

C'est là que se terminait habituellement le récit de mon père, récit que m'a rappelé la fameuse fronde dont je vous ai entretenu et qui, après avoir été conservée si longtemps dans ma famille et lui avoir rendu tant de services signalés, joua son reste contre le cheval de mer : elle put encore me servir en envoyant par ma main, ainsi que je vous l'ai raconté, une bombe au milieu des Espagnols, et en sauvant mes deux amis de la potence ; mais ce fut là son dernier exploit ; elle s'en alla en grande partie avec la bombe, et le morceau, ce qui m'en resta dans la main, est conservé aujourd'hui dans les archives de notre famille, à côté d'un grand nombre d'antiquités des plus précieuses.

Peu de temps après, je quittai Gibraltar et retournai en Angleterre, où il m'arriva une des plus singulières aventures de ma vie.

Je m'étais rendu à Wapping pour surveiller l'embarquement de divers objets que j'envoyais à plusieurs de mes amis de Hambourg ; l'opération terminée, je revins par le *Tower Wharf*. Il était midi, et j'étais horriblement fatigué ; pour échapper à l'ardeur du soleil, j'imaginai de me fourrer dans un des canons de la tour afin de prendre un peu de repos : à peine installé, je m'endormis profondément. Or, il se trouvait que nous étions précisément au 1$^{er}$ juin, jour anniversaire de la naissance du roi Georges III, et, à une heure, tous les canons devaient tirer pour fêter cette solennité. On les avait chargés le matin, et comme personne ne pouvait soupçonner ma présence en pareil lieu, je fus lancé par-dessus les maisons, de l'autre côté du fleuve, dans une cour de ferme entre Benmondsey et Deptford. Je tombai sur une grande meule de foin, où je restai sans me réveiller, ce qui s'explique par l'étourdissement qui m'avait saisi dans le trajet.

Environ trois mois après, le foin haussa si considérablement de prix, que le fermier jugea avantageux de vendre sa provision de fourrage. La meule où je me trouvais était la plus grande de toutes, et représentait au moins cinq cents quintaux. Ce fut donc par elle qu'on commença. Le bruit des gens qui y avaient appliqué leurs échelles pour l'escalader me réveilla enfin. Encore plongé dans un demi-sommeil, ne sachant pas où j'étais, je voulus m'enfuir et tombai juste sur le propriétaire du foin. Je ne me fis pas la plus légère égratignure dans cette chute, mais le fermier n'en fut que plus maltraité : il fut tué roide, car je lui avais, bien innocemment, cassé le col. Pour le repos de conscience, j'appris plus tard que le drôle était un infâme juif, qui entassait ses fruits et ses céréales dans son grenier, jusqu'au moment où leur rareté excessive lui permettrait de les vendre à des prix exorbitants : de sorte que cette mort violente fut une juste punition de ses crimes et un service rendu au bien public.

Mais quel fut mon étonnement, lorsque, entièrement revenu à moi-même, j'essayai de rattacher mes pensées présentes à celles avec lesquelles je m'étais endormi trois mois auparavant ! Quelle fut la surprise de mes amis de Londres en me voyant reparaître après les recherches infructueuses qu'ils avaient faites pour me retrouver ! Vous pouvez, messieurs, vous l'imaginer facilement.

Maintenant, messieurs, buvons un coup, que je vous raconte encore un couple de mes aventures de mer.

# CHAPITRE XIV

## Huitième aventure de mer.

Vous avez sans doute entendu parler du dernier voyage de découverte accompli au pôle Nord par le capitaine Phipps, aujourd'hui Lord Mulgrave. J'accompagnais le capitaine, non pas en qualité d'officier, mais à titre d'ami et d'amateur. Quand nous fûmes arrivés à un degré fort avancé de latitude nord, je pris mon télescope avec lequel vous avez fait connaissance à l'occasion du récit de mes aventures à Gibraltar, et j'examinai les objets qui nous environnaient. Car, soit dit en passant, je trouve qu'il est bon, surtout en voyage, de regarder de temps en temps ce qui se passe autour de soi.

À environ un demi-mille en avant de nous flottait un immense glaçon, aussi haut pour le moins que notre grand mât, et sur lequel je vis deux ours blancs qui, autant que j'en pus juger, étaient engagés dans un duel acharné. Je saisis mon fusil et descendis sur la glace. Mais lorsque j'en eus atteint le sommet, je m'aperçus que le chemin que je suivais était extrêmement dangereux et difficile. Par moments j'étais obligé de sauter par-dessus d'effroyables précipices ; dans d'autres endroits la glace était polie et glissante comme un miroir, de sorte que je ne faisais que tomber et me relever. Je parvins cependant à atteindre les ours, mais en même temps je reconnus qu'au lieu de se battre, ils étaient simplement en train de jouer ensemble.

Je calculais déjà la valeur de leur peau, car chacun d'eux était au moins aussi gros qu'un bœuf gras ; par malheur, au moment où j'ajustai mon arme, le pied droit me glissa, je tombai en arrière, et perdis, par la violence de la chute, connaissance pour plus d'un quart d'heure. Représentez-vous l'épouvante dont je fus saisi, lorsque, revenant à moi, je sentis qu'un des deux monstres m'avait retourné sur le ventre, et tenait déjà entre ses dents la ceinture de ma culotte de peau. La partie supérieure de mon corps était appuyée sur la poitrine de l'animal, et mes jambes s'étalaient en avant. Dieu sait où l'horrible bête m'eût entraîné ;

mais je ne perdis pas la tête : je tirai mon couteau — le couteau que voici, messieurs —, je saisis la patte gauche de l'ours et lui coupai trois doigts : il me lâcha alors et se mit à hurler terriblement. Je pris mon fusil, je fis feu au moment où la bête se mettait en devoir de s'en retourner et je l'étendis morte. Le monstre sanguinaire était endormi du sommeil éternel ; mais le bruit de mon arme avait réveillé plusieurs milliers de ses compagnons qui reposaient sur la glace dans un rayon d'un quart de lieue. Ils coururent tous sur moi à franc étrier.

Il n'y avait pas de temps à perdre ; c'en était fait de moi s'il ne m'arrivait pas une idée lumineuse et immédiate : elle arriva ! En moins de temps qu'il ne faut à un chasseur habile pour dépiauter un lièvre, je déshabillai l'ours mort, m'enveloppai de sa robe et cachai ma tête sous la sienne. J'avais à peine terminé cette opération, que toute la troupe s'assembla autour de moi. J'avoue que je sentais, sous ma fourrure, des alternatives terribles de chaud et de froid. Cependant ma ruse réussit à merveille. Ils vinrent l'un après l'autre me flairer, et parurent me prendre pour un de leurs confrères. J'en avais du reste à peu près la mine ; avec un peu plus de corpulence la ressemblance eût été parfaite, et même il y avait dans l'assemblée plusieurs petits jeunes ours qui n'étaient guère plus gras que moi ; après qu'ils m'eurent bien flairé, moi et le cadavre de ma victime ; nous nous familiarisâmes rapidement : j'imitais parfaitement tous leurs gestes et tous leurs mouvements ; mais pour ce qui était du grondement, du mugissement et du hurlement, je dois reconnaître qu'ils étaient plus forts que moi. Cependant, pour ours que je parusse, je n'en étais pas moins homme ! Je commençai à chercher le meilleur moyen de mettre à profit la familiarité qui s'était établie entre ces bêtes et moi.

J'avais entendu dire autrefois par un vieux chirurgien militaire qu'une incision faite à l'épine dorsale cause instantanément la mort. Je résolus d'en faire l'expérience. Je repris mon couteau, et en frappai le plus grand des ours près de l'épaule, à la nuque : convenez que le coup était hardi ; et j'avais des raisons d'être inquiet. Si la bête survivait à la blessure, c'en était fait de moi, j'étais réduit en pièces. Heureusement ma tentative réussit, l'ours tomba mort à mes pieds, sans plus faire un mouvement. Je pris donc le parti d'expédier de cette façon tous les autres, et cela ne fut pas difficile : car, bien qu'ils vissent de droite et de gauche tomber leurs frères, ils ne se méfiaient de rien, ne songeant ni à la cause ni au résultat de la chute successive de ces infortunés : ce fut là ce qui me sauva. Quand je les vis tous étendus morts autour de moi, je me sentis aussi fier que Samson après la défaite des Philistins.

Bref, je retournai au navire, je demandai les trois quarts de l'équipage pour m'aider à retirer les peaux et à apporter les jambons à bord. Nous jetâmes le surplus à l'eau, bien que, convenablement salé, cela eût fait un aliment fort supportable.

Dès que nous fûmes de retour, j'envoyai, au nom du capitaine, quelques jambons aux lords de l'Amirauté, aux lords de l'Échiquier, au lord-maire et aux aldermen de Londres, aux clubs de commerce, et distribuai le surplus entre mes amis. Je reçus de tous côtés les remerciements les plus chaleureux ; la Cité me rendit mon amabilité en m'invitant au dîner annuel qui se célèbre lors de la nomination du lord-maire.

J'envoyai les peaux d'ours à l'impératrice de Russie pour servir de pelisse d'hiver à Sa Majesté et à sa cour. Elle m'en remercia par une lettre autographe que m'apporta un ambassadeur extraordinaire, et où elle me priait de venir partager sa couronne avec elle. Mais comme je n'ai jamais eu beaucoup de goût pour la souveraineté, je repoussai, dans les termes les plus choisis, l'offre de Sa Majesté. L'ambassadeur qui m'avait apporté la lettre avait l'ordre d'attendre ma réponse pour la rapporter à sa souveraine. Une seconde lettre, que quelque temps après je reçus de l'impératrice, me convainquit de l'élévation de son esprit et de la violence de sa passion. Sa dernière maladie, qui la surprit au moment où – pauvre et tendre femme – elle s'entretenait avec le comte Dolgorouki, ne doit être attribuée qu'à ma cruauté envers elle. Je ne sais pas quel effet je produisis aux dames, mais je dois dire que l'impératrice de Russie n'est pas la seule de son sexe qui du haut de son trône m'ait offert sa main.

On a répandu le bruit que le capitaine Phipps n'était pas allé aussi loin vers le Nord qu'il l'aurait pu : il est de mon devoir de le défendre sur ce point. Notre bâtiment était en bon chemin d'atteindre le pôle, lorsque je le chargeai d'une telle quantité de peaux d'ours et de jambons que c'eût été folie d'essayer d'aller plus loin ; nous n'eussions pas pu naviguer contre le plus léger vent contraire, et moins encore contre les glaçons qui encombrent la mer à cette latitude.

Le capitaine a depuis déclaré bien souvent combien il regrettait de ne pas avoir pris part à cette glorieuse journée, qu'il avait emphatiquement surnommée la *journée des peaux d'ours*. Il jalouse ma gloire, et cherche par tous les moyens à la déprécier. Nous nous sommes souvent querellés à ce sujet, et aujourd'hui encore nous ne sommes pas dans de très bons termes. Il prétend, par exemple, qu'il n'y a pas grand mérite à avoir trompé les ours en m'affublant de la peau d'un des leurs ; et que lui serait allé sans masque au milieu d'eux, et ne s'en serait pas moins fait passer pour un ours.

Mais c'est là un point trop délicat pour qu'un homme qui a des prétentions à la bonne éducation se risque à en discuter avec un noble pair d'Angleterre.

# CHAPITRE XV

## Neuvième aventure de mer.

Je fis un autre voyage, d'Angleterre aux Indes orientales, avec le capitaine Hamilton. J'emmenais un chien couchant, qui valait, dans l'acception propre du mot, son pesant d'or, car il ne m'a jamais failli. Un jour que, d'après les meilleurs calculs, nous nous trouvions à trois cents milles au moins de terre, mon chien tomba en arrêt. Je le vis, avec étonnement, rester plus d'une heure dans cette position : je fis part de ce fait au capitaine et aux officiers du bord, et leur assurai que nous devions être près de terre, vu que mon chien flairait du gibier. J'en obtins qu'un succès de fou rire, qui ne modifia nullement la bonne opinion que j'avais de mon chien.

Après une longue discussion où l'on débattit mon avis, je finis par déclarer ouvertement au capitaine que j'avais plus de confiance dans le nez de mon Traï que dans les yeux de tous les marins du bord, et je pariai hardiment cent guinées – somme que j'avais destinée à ce voyage – que nous trouverions du gibier avant une demi-heure.

Le capitaine qui était un excellent homme, se remit à rire de plus belle, et pria M. Crawford, notre chirurgien, de me tâter le pouls. L'homme de l'art obéit et déclara que j'étais en parfaite santé. Ils se mirent alors à causer à voix basse : je parvins cependant à saisir quelques mots de leur conversation :

« Il n'a pas sa tête à lui, disait le capitaine, je ne peux pas honnêtement accepter ce pari.

– Je suis d'un avis entièrement contraire, répliquait le chirurgien ; le baron n'est nullement dérangé ; il a plus de confiance dans l'odorat de son chien que dans la science de nos officiers, voilà tout. En tout cas, il perdra, et il l'aura bien mérité.

— Ce n'est pas raisonnable de ma part d'accepter un pareil pari, répétait le capitaine. Toutefois je m'en tirerai à mon honneur en lui rendant son argent après l'avoir gagné. »

Traï n'avait point bougé pendant cette conversation, ce qui me confirma dans mon opinion. Je proposai une seconde fois le pari, qui fut enfin accepté.

Nous avions à peine prononcé le *tope là* sacramental que des matelots placés dans la chaloupe attachée à l'arrière du bâtiment, et occupés à pêcher à la ligne, attrapèrent un énorme chien de mer, qu'ils amenèrent aussitôt sur le pont. On commença à le dépecer, et voilà qu'on lui trouva dans le ventre six couples de perdrix vivantes !

Les pauvres bêtes y habitaient depuis si longtemps, qu'une des perdrix était occupée à couver cinq œufs, dont l'un était en train d'éclore lorsque l'on ouvrit le poisson.

Nous élevâmes ces jeunes oiseaux avec une portée de petits chats venus au monde quelques minutes auparavant. La mère chatte les chérissait autant que ses enfants, et se désolait chaque fois qu'un des perdreaux s'éloignait trop et tardait à revenir auprès d'elle. Comme dans notre prise il y avait quatre perdrix qui ne cessaient de couver à tour de rôle, notre table fut fournie de gibier tout le temps du voyage.

Pour récompenser mon brave Traï des cent guinées qu'il m'avait fait gagner, je lui donnai chaque fois les os des perdreaux que nous avions mangés, et de temps en temps même un perdreau tout entier.

# CHAPITRE XVI

## Dixième aventure de mer, second voyage dans la lune.

Je vous ai déjà parlé, messieurs, d'un voyage que je fis dans la lune pour retrouver ma hachette d'argent. J'eus une nouvelle occasion d'y retourner, mais d'une façon beaucoup plus agréable, et j'y séjournai assez longtemps pour y faire diverses observations que je vais vous communiquer aussi exactement que ma mémoire me le permettra.

Un de mes parents éloignés s'était mis dans la tête qu'il devait absolument y avoir quelque part un peuple égal en grandeur à celui que Gulliver prétend avoir trouvé dans le royaume de Brobdingnag. Il résolut de partir à la recherche de ce peuple, et me pria de l'accompagner. Pour ma part, j'avais toujours considéré le récit de Gulliver comme un conte d'enfant, et je ne croyais pas plus à l'existence de Brobdingnag qu'à celle de l'Eldorado ; mais comme cet estimable parent m'avait institué son légataire universel, vous comprenez que je lui devais des égards. Nous arrivâmes heureusement dans la mer du Sud, sans rien rencontrer qui mérite d'être rapporté, si ce n'est cependant quelques hommes et quelques femmes volants qui gambadaient et dansaient le menuet en l'air.

Le dix-huitième jour après que nous eûmes dépassé Otahiti, un ouragan enleva notre bâtiment à près de mille lieues au-dessus de la mer, et nous maintint dans cette position pendant assez longtemps. Enfin un vent propice enfla nos voiles et nous emporta avec une rapidité extraordinaire. Nous voyagions depuis six semaines au-dessus des nuages lorsque nous découvrîmes une vaste terre, ronde et brillante, semblable à une île étincelante. Nous entrâmes dans un excellent port, nous abordâmes et trouvâmes le pays habité. Tout autour de nous, nous voyions des villes, des arbres, des montagnes, des fleuves, des lacs, si bien que nous nous croyions revenus sur la terre que nous avions quittée.

Dans la lune — car c'était là l'île étincelante où nous venions d'abord —, nous vîmes de grands êtres montés sur des vautours, dont chacun avait trois têtes. Pour vous donner une idée de la dimension de ces oiseaux, je vous dirai que la distance mesurée de l'extrémité d'une de leurs ailes à l'autre est six fois plus grande que la plus longue de nos vergues. Au lieu de monter à cheval, comme nous autres habitants de la terre, les gens de la lune montent ces sortes d'oiseaux.

À l'époque où nous arrivâmes, le roi de ce pays était en guerre avec le soleil. Il m'offrit un brevet d'officier ; mais je n'acceptai point l'honneur que me faisait Sa Majesté.

Tout, dans ce monde-là, est extraordinairement grand : une mouche ordinaire, par exemple, est presque aussi grosse qu'un de nos moutons. Les armes usuelles des habitants de la lune sont des raiforts qu'ils manœuvrent comme des javelots, et qui tuent ceux qui en sont atteints. Lorsque la saison des raiforts est passée, ils emploient des tiges d'asperges. Pour boucliers, ils ont de vastes champignons.

Je vis en outre dans ce pays quelques naturels de Sirius venus là pour affaires ; ils ont des têtes de bouledogue et les yeux placés au bout du nez, ou plutôt à la partie inférieure de cet appendice. Ils sont privés de sourcils ; mais lorsqu'ils veulent dormir, ils se couvrent les yeux avec leur langue ; leur taille moyenne est de vingt pieds ; celle des habitants de la lune n'est jamais au-dessous de trente-six pieds. Le nom que portent ces derniers est assez singulier ; il peut se traduire par celui d'*êtres vivants*[2] ; on les appelle ainsi parce qu'ils préparent leurs mets sur le feu, tout comme nous. Du reste, ils ne consacrent guère de temps à leurs repas ; ils ont sur le côté gauche un petit guichet qu'ils ouvrent et par lequel ils jettent la portion tout entière dans l'estomac ; après

---

[2] Il s'agit vraisemblablement d'une erreur de traduction. Le texte original « kochende Geschöpfe » signifie « êtres cuisants ». [NduC]

quoi ils referment le guichet et recommencent l'opération au bout d'un mois, jour pour jour. Ils n'ont donc que douze repas par an, combinaison que tout individu sobre doit trouver bien supérieure à celles usitées chez nous.

Les joies de l'amour sont complètement inconnues dans la lune ; car, chez les êtres cuisants aussi bien que chez les autres animaux, il n'existe qu'un seul et même sexe. Tout pousse sur des arbres qui diffèrent à l'infini les uns des autres, suivant les fruits qu'ils portent. Ceux qui produisent les êtres cuisants ou hommes sont beaucoup plus beaux que les autres ; ils ont de grandes branches droites et des feuilles couleur de chair ; leur fruit consiste en noix à écorce très dure, et longues d'au moins six pieds. Lorsqu'elles sont mûres, ce qu'on reconnaît à leur couleur, on les cueille avec un grand soin, et on les conserve aussi longtemps qu'on le juge convenable. Quand on veut retirer le noyau, on les jette dans une grande chaudière d'eau bouillante ; au bout de quelques heures, l'écorce tombe, et il en sort une créature vivante.

Avant qu'ils viennent au monde, leur esprit a déjà reçu une destination déterminée par la nature.

D'une écorce sort un soldat, d'une autre un philosophe, d'une troisième un théologien ; d'une quatrième un jurisconsulte, d'une cinquième un fermier, d'une sixième un paysan, et ainsi de suite, et chacun se met aussitôt à pratiquer ce qu'il connaît déjà théoriquement. La difficulté consiste à juger avec certitude ce que contient l'écorce ; au moment où je me trouvais dans le pays, un savant lunaire affirmait à grand bruit qu'il possédait ce secret. Mais on ne fit pas attention à lui, et on le tint généralement pour fou.

Lorsque les gens de la lune deviennent vieux, ils ne meurent pas, mais ils se dissolvent dans l'air et s'évanouissent en fumée.

Ils n'éprouvent pas le besoin de boire, n'étant asservis à aucune excrétion. Ils n'ont à chaque main qu'un seul doigt avec lequel ils exécutent tout beaucoup mieux que nous ne le faisons avec notre pouce et ses quatre aides.

Ils portent leur tête sous le bras droit, et, lorsqu'ils vont en voyage ou qu'ils sont à exécuter quelque travail qui exige beaucoup de mouvement, ils la laissent habituellement à la maison ; car ils peuvent lui demander conseil à n'importe quelle distance.

Les hauts personnages de la lune, lorsqu'ils veulent savoir ce que font les gens du peuple, n'ont pas coutume d'aller les trouver ; ils restent à la maison, c'est-à-dire que leur Corps reste chez eux, et qu'ils envoient leur tête dans la rue pour voir incognito ce qui s'y passe. Une fois les renseignements recueillis, elle revient dès que le maître la rappelle.

Les pépins de raisin lunaire ressemblent exactement à nos grêlons, et je suis fermement convaincu que, lorsqu'une tempête détache les grains de leur tige, les pépins tombent sur notre terre et forment notre grêle. Je suis même porté à croire que cette observation doit être connue depuis longtemps de plus d'un marchand de vin ; du moins j'ai bien souvent bu du vin qui m'a paru fait de grêlons, et dont le goût rappelait celui du vin de la lune.

J'allais oublier un détail des plus intéressants. Les habitants de la lune se servent de leur ventre comme des gibecières ; ils y fourrent tout ce dont ils ont besoin, l'ouvrent et le ferment à volonté comme leur estomac, car ils ne sont pas embarrassés d'entrailles, ni de cœur, ni de foie ; ils ne portent non plus pas de vêtements, l'absence de sexe les dispensant de pudeur.

Ils peuvent à leur gré ôter et remettre leurs yeux, et, lorsqu'ils les tiennent à la main, ils voient aussi bien que s'ils les avaient sur la figure. Si, par hasard, ils en perdent ou en cassent un, ils peuvent en louer ou en acheter un nouveau, qui leur fait le même service que l'autre ; aussi rencontre-t-on dans la lune, à chaque coin de rue, des gens qui vendent des yeux ; ils en ont les assortiments les plus variés, car la mode change souvent : tantôt ce sont les yeux bleus, tantôt les yeux noirs, qui sont mieux portés.

Je conviens ; messieurs, que tout cela doit vous paraître étrange ; mais je prie ceux qui douteraient de ma sincérité de se rendre eux-mêmes dans la lune, pour se convaincre que je suis resté plus fidèle à la vérité qu'aucun autre voyageur.

# CHAPITRE XVII

## Voyage à travers la terre et autres aventures remarquables.

Si je m'en rapporte à vos yeux, je suis sûr que je me fatiguerais plus vite à vous raconter les événements extraordinaires de ma vie que vous à les écouter. Votre complaisance est trop flatteuse pour que je m'en tienne, ainsi que je me l'étais proposé, au récit de mon second voyage dans la lune. Écoutez donc, s'il vous plaît, une histoire dont l'authenticité est aussi incontestable que celle de la précédente, mais qui la surpasse par l'étrangeté et le merveilleux dont elle est empreinte.

La lecture du *voyage* de Brydone en Sicile m'inspira un vif désir de visiter l'Etna. En route il ne m'arriva rien de remarquable : je dis à moi, car beaucoup d'autres, pour faire payer aux lecteurs naïfs les frais de leur voyage, n'eussent pas manqué de raconter longuement et emphatiquement maints détails vulgaires qui ne sont pas dignes de fixer l'attention des honnêtes gens.

Un matin de bonne heure, je sortais d'une chaumière située au pied de la montagne, fermement résolu à examiner, dût-il m'en coûter la vie, l'intérieur de ce célèbre volcan. Après trois heures d'une marche des plus pénibles, j'atteignis le sommet de la montagne. Depuis trois semaines le volcan grondait sans discontinuer. Je ne doute pas, messieurs, que vous ne connaissiez l'Etna par les nombreuses descriptions qui en ont été faites : je n'essayerai donc pas de vous redire ce que vous savez aussi bien que moi, et j'épargnerai à moi une peine et à vous une fatigue inutile.

Je fis trois fois le tour du cratère — dont vous pouvez avoir une idée en vous figurant un immense entonnoir —, et, reconnaissant que j'aurais beau tourner, cela ne m'avancerait guère, je pris bravement ma résolution, et je me décidai à sauter dedans. À peine eus-je exécuté le saut, que je me sentis comme plongé dans un bain de vapeur brûlante ; les charbons ardents qui jaillissaient sans relâche endommagèrent et brûlèrent en tous sens mon pauvre corps.

Mais quelle que fut la violence avec laquelle s'élançaient les matières incandescentes, je descendais plus rapidement quelles ne montaient, grâce à la loi de la pesanteur, et au bout de quelques instants je touchai le fond. La première chose que je remarquai fut un bruit épouvantable, un concert de jurements, de cris et de hurlements qui semblaient s'élever autour de moi. J'ouvris les yeux, et qu'est-ce que je vis ?... Vulcain en personne accompagné de ses cyclopes. Ces messieurs, que mon bon sens avait depuis longtemps relégués dans le domaine de la fiction, étaient depuis trois semaines en querelle au sujet d'un article du règlement intérieur, et c'était cette dispute qui remuait la surface externe. Mon apparition rétablit comme par enchantement la paix et la concorde dans la tapageuse assemblée.

Vulcain courut aussitôt clopin-clopant vers son armoire, en tira des onguents et des emplâtres qu'il m'appliqua de sa propre main, et, quelques minutes après, mes blessures étaient guéries. Il m'offrit ensuite des rafraîchissements, un flacon de nectar et d'autres vins précieux, comme n'en boivent que les dieux, et les déesses. Dès que je fus à peu près remis, il me présenta à Vénus, son épouse, en lui recommandant de me prodiguer tous les soins qu'exigeait ma position. La somptuosité de la chambre où elle me conduisit, le moelleux du sofa sur lequel elle me fit asseoir, le charme divin qui régnait dans toute sa personne, la tendresse de son cœur, il n'y a pas de mots dans les langues terrestres pour exprimer cela ; rien que d'y penser, la tête me tourne !

Vulcain me fit une description très détaillée de l'Etna. Il m'expliqua comme quoi cette montagne n'était qu'un amas de cendres sorties de la fournaise ; qu'il était souvent obligé de sévir contre ses ouvriers ; qu'alors, dans sa colère, il leur jetait des charbons ardents qu'ils paraient avec une grande adresse en les laissant passer sur la terre, afin de le laisser épuiser ses munitions. « Nos dissensions, ajouta-t-il, durent quelquefois plusieurs mois, et les phénomènes qu'elles produisent à la surface de la terre sont ce que vous appelez, je crois, des éruptions. Le mont Vésuve est également une de mes forges : une galerie de trois cent cinquante milles de longueur m'y conduit en passant sous le lit de la mer : là aussi des dissensions semblables amènent sur la terre des accidents analogues. »

Si je me plaisais à la conversation instructive du mari, je goûtais encore davantage la société de la femme, et je n'aurais peut-être jamais quitté ce palais souterrain, si quelques mauvaises langues n'avaient mis la puce à l'oreille au seigneur Vulcain, et n'avaient allumé dans son cœur le feu de la jalousie. Sans me prévenir le moins du monde, il me saisit un matin au collet, comme j'assistais la belle déesse à sa toilette, et m'emmena dans une chambre que je n'avais pas encore vue : là il me tint suspendu au-dessus d'une espèce de puits profond, et me dit : « Ingrat mortel, retourne dans le monde d'où tu es venu ! »

En prononçant ces mots et sans me permettre de rien répliquer pour ma défense, il me précipita dans l'abîme.

Je tombai avec une rapidité toujours croissante, jusqu'à ce que l'effroi m'eût fait perdre entièrement connaissance. Mais je fus tout d'un coup tiré de mon évanouissement en me sentant plongé dans une immense masse d'eau illuminée par les rayons du soleil : c'était le paradis et le repos en comparaison de l'affreux voyage que je venais d'accomplir.

Je regardai tout autour de moi, mais je ne voyais de tous côtés que de l'eau. La température était tout autre que celle à laquelle je m'étais accoutumé chez le seigneur Vulcain. Enfin je découvris à quelque distance un objet qui avait l'apparence d'un énorme rocher, et qui semblait se diriger vers moi : je reconnus bientôt que c'était un glaçon flottant. Après beaucoup de recherches, je trouvai enfin un endroit où je pus m'accrocher, et je parvins à gravir jusqu'au sommet. À mon grand désespoir, je ne découvris aucun indice qui m'annonçât le voisinage de la terre. Enfin, avant la tombée de la nuit, j'aperçus un navire qui s'avançait de mon côté. Dès qu'il fut à portée de la voix, je le hélai de toutes mes forces : il me répondit en hollandais. Je me jetai à la mer, et nageai jusqu'au navire où l'on m'amena à bord. Je demandai où nous étions. « Dans la mer du Sud », me répondit-on. Ce fait expliquait toute l'énigme. Il était évident que j'avais traversé le centre du globe et que j'étais tombé par l'Etna dans la mer du Sud : ce qui est beaucoup plus direct que de faire le tour du monde. Personne avant moi n'avait encore tenté ce passage, et si je refais jamais le voyage ; je me promets bien d'en rapporter des observations du plus haut intérêt.

Je me fis donner quelques rafraîchissements et je me couchai. Quels grossiers personnages, messieurs, que les Hollandais ! Le lendemain je racontai mon aventure aux officiers aussi exactement et aussi simplement que je viens de le faire ici, et plusieurs d'entre eux, le capitaine surtout, firent mine de douter de l'authenticité de mes paroles. Cependant comme ils m'avaient donné l'hospitalité à leur bord, et que si je vivais c'était grâce à eux, il me fallut bien empocher l'humiliation sans répliquer.

Je m'enquis ensuite du but de leur voyage. Ils me répondirent qu'ils faisaient une expédition de découverte et que si ce que je leur avais raconté était vrai, leur but était atteint. Nous nous trouvions précisément sur la route qu'avait suivie le capitaine Cook, et nous arrivâmes le lendemain à Botany Bay, lieu où le gouvernement anglais devrait envoyer non pas ses mauvais garnements pour les punir, mais des honnêtes gens pour les récompenser, tant ce pays est beau et richement doté par la nature.

Nous ne restâmes que trois jours à Botany Bay. Le quatrième jour après notre départ il s'éleva une effroyable tempête qui déchira toutes nos voiles, rompit notre beaupré, abattit notre mât de perroquet, lequel tomba sur la cahute où était enfermée notre boussole et la mit en pièces. Quiconque a navigué sait quelles peuvent être les conséquences d'un pareil accident. Nous ne savions plus où nous étions, ni où aller. Enfin la tempête s'apaisa, et fut suivie d'une bonne brise continue. Nous naviguions depuis trois mois et nous devions avoir fait énormément de chemin, lorsque tout à coup nous remarquâmes un changement singulier dans tout ce qui nous entourait. Nous nous sentions tout gais et tout dispos, notre nez s'emplissait des odeurs les plus douces et les plus balsamiques ; la mer elle-même avait changé de couleur : elle n'était plus verte, mais blanche.

Bientôt après nous aperçûmes la terre, et à quelque distance un port vers lequel nous nous dirigeâmes et que nous trouvâmes spacieux et profond. Au lieu d'eau, il était rempli d'un lait exquis. Nous descendîmes à terre et nous vîmes que l'île tout entière consistait en un immense fromage. Nous ne nous en serions peut-être pas aperçus, si une circonstance particulière ne nous avait mis sur la trace. Nous avions sur notre navire un matelot qui professait pour le fromage une antipathie naturelle. En posant le pied sur la terre, il tomba évanoui. Quand il revint à lui, il demanda qu'on retirât le fromage de dessous ses pieds ; on vérifia, et on reconnut qu'il avait parfaitement raison, cette île n'était comme je viens de vous le dire, qu'un énorme fromage. La plupart des habitants s'en nourrissaient ; les parties mangées pendant le jour étaient remplacées pendant la nuit. Nous vîmes dans cette île une grande quantité de vignes chargées de grosses grappes, lesquelles, lorsqu'on les pressait, ne donnaient que du lait. Les insulaires étaient sveltes et beaux, la plupart avaient neuf pieds de haut ; ils avaient trois jambes et un bras, et les adultes portaient sur le front une corne dont ils se servaient avec une adresse remarquable. Ils font des courses sur la surface du lait, et s'y promènent sans y enfoncer avec autant d'assurance que nous sur une pelouse.

Il croissait sur cette île, ou plutôt sur ce fromage, une grande quantité de blé dont les épis, semblables à des champignons, contenaient des pains tout cuits et prêts à être mangés. En traversant ce fromage nous rencontrâmes sept fleuves de lait et deux de vin.

Après un voyage de seize jours, nous atteignîmes le rivage opposé à celui où nous avions abordé. Nous trouvâmes dans cette partie de l'île des plaines entières de ce fromage bleu à force de vieillesse, dont les amateurs font si grand cas. Mais, au lieu d'y rencontrer des vers, on y voyait croître de magnifiques arbres fruitiers, tels que cerisiers, abricotiers, pêchers, et vingt autres espèces que nous ne connaissons point. Ces arbres, qui sont extraordinairement grands et gros, abritaient une immense quantité de nids d'oiseaux. Nous remarquâmes entre autres un nid d'alcyons, dont la circonférence était cinq fois grande comme la coupole de Saint-Paul à Londres ; il était artistement construit d'arbres gigantesques, et il contenait... — attendez, que je me rappelle bien le chiffre ! — il contenait cinq cents œufs dont le plus petit était au moins aussi gros qu'un muid. Nous ne pûmes pas voir les jeunes qui étaient dedans, mais nous les entendîmes siffler. Ayant ouvert à grand-peine un de ces œufs, nous en vîmes sortir un petit oiseau sans plumes, gros environ comme vingt de nos vautours. À peine avions-nous fait éclore le jeune oiseau que le vieux alcyon se jeta sur nous, saisit notre capitaine dans une de ses serres, l'enleva à la hauteur d'une bonne lieue, le frappa violemment avec ses ailes et le laissa tomber dans la mer.

Les Hollandais nagent comme des rats d'eau ; aussi le capitaine nous eut-il bientôt rejoints, et nous regagnâmes tous ensemble notre navire. Mais nous ne retournâmes pas par le même chemin, ce qui nous permit de faire de nouvelles observations. Dans le gibier que nous tuâmes, il y avait deux buffles d'une espèce particulière qui ne possédait qu'une seule corne, placée entre les deux yeux. Nous regrettâmes plus tard de les avoir tués, car nous apprîmes que les habitants les apprivoisaient et s'en servaient en guise de cheval de trait ou de selle. On nous assura que la chair en était exquise, mais absolument inutile à un peuple qui ne vit que de lait et de fromage.

Deux jours avant d'atteindre notre navire, nous vîmes trois individus pendus par les jambes à de grands arbres. Je demandai quel crime leur avait valu cette terrible punition, et j'appris qu'ils étaient allés à l'étranger, et qu'à leur retour ils avaient raconté à leurs amis une foule de mensonges, leur décrivant des lieux qu'ils n'avaient pas vus, et des aventures qui leur étaient pas arrivées.

Je trouvai cette punition bien méritée, car le premier devoir d'un voyageur, c'est de ne s'écarter jamais de la vérité.

Quand nous eûmes erré trois jours durant, Dieu sait où – car nous manquions toujours de boussole –, nous arrivâmes dans une mer qui semblait toute noire : nous goûtâmes ce que nous prenions pour de l'eau sale, et nous reconnûmes que c'était de l'excellent vin ! Nous eûmes toutes les peines du monde à empêcher nos matelots de se griser. Mais notre joie ne fut pas de longue durée, car, quelques heures après, nous nous trouvâmes entourés de baleines et d'autres poissons non moins gigantesques : il y en avait un d'une longueur si prodigieuse que même avec une lunette d'approche nous n'en pûmes voir le bout. Malheureusement nous n'aperçûmes le monstre qu'au moment où il était tout près de nous : il avala d'un trait notre bâtiment avec ses mâts dressés et toutes ses voiles dehors.

Après que nous eûmes passé quelque temps dans sa gueule, il la rouvrit pour engloutir une énorme masse d'eau : notre navire, soulevé par ce courant, fut entraîné dans l'estomac du monstre, où nous nous trouvions comme si nous eussions été à l'ancre pris d'un calme plat.

L'air était, il faut en convenir, chaud et lourd. Nous vîmes dans cet estomac des ancres, des câbles, des chaloupes, des barques et bon nombre de navires, les uns chargés, les autres vides, qui avaient subi le même sort que nous. Nous étions obligés de vivre à la lumière des torches ; il n'y avait plus pour nous ni soleil, ni lune, ni planètes. Ordinairement nous nous trouvions deux fois par jour à flot et deux fois à sec. Quand la bête buvait nous étions à flot, lorsqu'elle lâchait l'eau nous étions à sec. D'après les calculs exacts que nous fîmes, la quantité d'eau qu'elle avalait à chaque gorgée eût suffi à remplir le lit du lac de Genève, dont la circonférence est de trente milles.

Le second jour de notre captivité dans ce ténébreux royaume, je me hasardai avec le capitaine et quelques officiers à faire une petite excursion au moment de la marée basse, comme nous disions. Nous nous étions munis de torches, et nous rencontrâmes successivement près de dix mille hommes de toutes nations qui se trouvaient dans la même position que nous. Ils s'apprêtaient à délibérer sur les moyens à employer pour recouvrer leur liberté. Quelques-uns d'entre eux avaient déjà passé plusieurs années dans l'estomac du monstre. Mais au moment où le président nous instruisait de la question qui allait s'agiter, notre diable de poisson eut soif et se mit à boire ; l'eau se précipita avec tant de violence que nous eûmes tout juste le temps de retourner à nos navires : plusieurs des assistants, moins prompts que les autres, furent même obligés de se mettre à la nage.

Quand le poisson se fut vidé, nous nous réunîmes de nouveau. On me choisit président : je proposai de réunir bout à bout deux des plus grands mâts, et, lorsque le monstre ouvrirait la gueule, de les dresser de façon à l'empêcher de la refermer. Cette motion fut acceptée à l'unanimité, et cent hommes choisis parmi les plus vigoureux furent chargés de la mettre à exécution. À peine les deux mâts étaient-ils disposés selon mes instructions, qu'il se présenta une occasion favorable. Le monstre se prit à bâiller ; nous dressâmes aussitôt nos deux mâts de manière que l'extrémité inférieure se trouvait plantée dans sa langue, et que l'autre extrémité pénétrait dans la voûte de son palais : il lui était dès lors impossible de rapprocher ses mâchoires.

Dès que nous fûmes à flot, nous armâmes les chaloupes qui nous remorquèrent et nous ramenèrent dans le monde. Ce fut avec une joie inexprimable que nous revîmes la lumière du soleil dont nous avions été privés pendant ces quinze jours de captivité. Lorsque tout le monde fut sorti de ce vaste estomac, nous formions une flotte de trente-cinq navires de toutes les nations. Nous laissâmes nos deux mâts plantés dans la gorge du poisson, pour préserver d'un accident semblable au nôtre ceux qui se trouveraient entraînés vers ce gouffre.

Une fois délivrés, notre premier désir fut de savoir dans quelle partie du monde nous étions ; il nous fallut longtemps avant de parvenir à une certitude. Enfin, grâce à mes observations antérieures, je reconnus que nous nous trouvions dans la mer Caspienne. Comme cette mer est entourée de tous côtés par la terre et qu'elle ne communique avec aucune autre nappe d'eau, nous ne pouvions comprendre comment nous y étions arrivés. Un habitant de l'île de fromage, que j'avais emmené avec moi, nous expliqua la chose fort raisonnablement. Selon lui, le monstre dans l'estomac duquel nous avions erré si longtemps s'était rendu dans cette mer par quelque route souterraine. Bref, nous y étions et fort contents d'y être ; nous nous dirigeâmes à toutes voiles vers la terre. Je descendis le premier.

À peine avais-je posé le pied sur la terre ferme, que je me vis assailli par un gros ours.

« Ah ! ah ! pensai-je, tu arrives bien ! »

Je lui pris les pattes de devant dans mes deux mains et les serrai avec tant de cordialité qu'il se mit à hurler désespérément ; mais moi, sans me laisser toucher par ses lamentations, je le tins dans cette position jusqu'à ce qu'il mourût de faim. Grâce à cet exploit, j'inspirai un tel respect à tous les ours, que depuis lors aucun d'eux n'a jamais osé me chercher querelle.

De là je me rendis à Saint-Pétersbourg, où je reçus d'un ancien ami un cadeau qui me fut extrêmement agréable. C'était un chien de chasse, descendant de la fameuse chienne dont je vous ai parlé, et qui mit bas en chassant un lièvre. Malheureusement ce chien fut tué par un chasseur maladroit qui l'atteignit en tirant une compagnie de perdreaux. Je me fis faire avec la peau de cette bête le gilet que voici, et qui lorsque je vais à la chasse, me conduit toujours infailliblement là où est le gibier. Quand j'en suis assez près pour pouvoir tirer, un bouton de mon gilet saute à la place où se trouve le gibier, et, comme mon fusil est toujours armé et amorcé, je ne manque jamais mon coup.

Il me reste encore trois boutons, comme vous voyez ; mais dès que la chasse rouvrira, j'en ferai remettre deux rangs. Venez me trouver alors, et vous verrez que j'aurai de quoi vous amuser.

Pour aujourd'hui, je prends la liberté de me retirer et de vous souhaiter une bonne nuit.

**FIN**